Litorais do Patológico

Leituras sobre Lacan volume 2
Litorais do Patológico
Christian Ingo Lenz Dunker

Transcrição: Daniele Rosa Sanches

Copyright © 2017 Dunker, Christian Ingo Lenz. Licença exclusiva para publicação em português brasileiro cedida à nVersos Editora. Todos os direitos reservados.
Publicação originalmente na língua Portuguesa.

DIREÇÃO EDITORIAL e de ARTE | CAPA: Julio César Batista
PRODUÇÃO EDITORIAL: Carlos Renato
PROJETO GRÁFICO | EDITORAÇÃO ELETRÔNICA: Equipe nVersos
PREPARAÇÃO: Casa da Linguagem
REVISÃO: Estudio Lizu

Dados Internacionais de Catalogação na Publicação (CIP)
(Câmara Brasileira do Livro, SP, Brasil)

Dunker, Christian Ingo Lenz
Litorais do patológico: leituras sobre Lacan /
Christian Ingo Lenz Dunker. - São Paulo: nVersos,
2017. - (Leituras sobre Lacan; v. 2)
ISBN 978-85-54862-01-5
1. Lacan, Jacques, 1901-1981 2. Psicanálise
I. Título. II. Série.
17-10809   CDD-150.195

Índices para catálogo sistemático:
1. Lacan, Jacques : Psicanálise 150.195

1ª edição – 2017
Esta obra contempla o novo Acordo Ortográfico da Língua Portuguesa
Impresso no Brasil / Printed in Brazil

nVersos Editora
Rua Cabo Eduardo Alegre, 36 CEP: 01257060 – São Paulo-SP Tel.: 11 3995-5617
www.nversos.com.br
nversos@nversos.com.br

SUMÁRIO

Apresentação - Seminário sobre a obra de Jacques Lacan:
antecedentes e consequentes 7
Prefácio - Litorais do patológico 23

1. Patologias da narrativa e o tratamento discursivo da sexuação 29
1.1 Pressupostos da razão diagnóstica e uma psicopatologia não-toda 31
1.2 A *Carta roubada* e a suspensão do ato 34
1.3 *O segredo dos teus olhos* e a distinção entre letra e significante 46

2. A função da língua e da literatura oriental na obra de Lacan 49
2.1 A psicanálise, o Oriente e nós, os modernos 49
2.2 O Oriente, a escrita e a carta-letra 56
2.3 Lacan com Joyce 61
2.4 A escrita chinesa 64

3. A letra não é o significante: demonstração pela linha de borda (*borderline*) 69
3.1 Uma resistência 69
3.2 Significante e letra: Interpretação e leitura 56
3.3 O semblante corrompido 61
3.4 Curva de Jordan, letra e linha de borda: wespe ou espe? 83

4. Por que não-toda mulher é histérica? 97
4.1 Não-toda mulher é histérica 97
4.2 O Oriente e a experiência do vazio 100
4.3 As quatro formas de histeria 106

5. Cultura pós-moderna e histeria masculina 117
5.1 Queda das grandes narrativas 119
5.2 A sexuação e a contingência 124

5.3 O encurtamento das narrativas e a questão da verdade 128

6. O falo e o objeto a: dos discursos à sexuação 135
6.1 As histerias e Anna O 135
6.2 A histeria e neurose de caráter 143
6.3 Medeia: uma mãe diferente 147

7. A metáfora paterna e a metonímia dos semblantes:
patologias da evitação da narrativa 155
7.1 Édipo e totem e tabu 155
7.2 Magia, religião, teatro e ciência: posições da verdade 160
7.3 Psicanálise, ética e Direito: Rousseau ou Hobbes? 164

Referências bibliográficas 171

APRESENTAÇÃO - SEMINÁRIO SOBRE A OBRA DE JACQUES LACAN: ANTECEDENTES E CONSEQUENTES

Christian Ingo Lenz Dunker

Os anos 1990 noticiaram uma abrupta convulsão dos estudos lacanianos no Brasil. Associações criavam-se e desfaziam-se; o debate sobre um inconsciente pós-colonial despontava no sul; os pragmatistas cariocas anunciavam um novo começo da linguagem para a psicanálise; baianos e pernambucanos aprofundavam-se na lógica e na topologia, traduzindo e divulgando seminários raros; os mineiros capilarizavam a psicanálise nas universidades, nos Capes e nos hospitais gerais; os paranaenses traziam uma nova maneira de pensar a clínica com crianças e, em Brasília, o confronto com a IPA continuava à solta. Depois de uma leva de livros sobre ética, abordou-se o tema da interpretação, depois o fim da análise e, em seguida, o problema do gozo. Em meio a uma insurgência de modelos e antimodelos, a controvérsia do passe chegava ao seu extremo, criando novas escolas e novas dissoluções.

Dar aulas na universidade podia colocar, sob suspeita, a fidelidade irrestrita do sujeito à causa analítica. Teses e dissertações eram toleradas como parte de uma boa formação. Quem se aventurava a oferecer grupos de estudo, ou a participar deles, podia ser mal visto. A grande crise com as Sociedades de Psicanálise havia passado. Tornavam-se, cada vez mais, raros os proclamas de que "isso não é psicanálise", que os lacanianos anteriores à minha geração sofreram na pele. Aliás, a ideia de confessar-se lacaniano constituía um pequeno pecado; afinal, só existia uma única psicanálise. Aquele que recorria a nomes como Freud, Lacan ou Klein, para designar seu percurso de afinidades eletivas, não havia resolvido muito bem sua filiação.

Em 2001, a guerra das escolas ainda estava em curso, não só em função da cisão de 1998, dentro da Associação Mundial de Psicanálise, que originou o Fórum do Campo Lacaniano e o Fórum São Paulo, mas também porque, em meio ao sucesso institucional de outros estados, os paulistas representavam um soberano fracasso. Para quem se havia formado na disciplina científica da psicologia experimental e passado pela filosofia uspiana, como eu, as práticas de exclusão de autores, de silenciamento de adversários e de detratação de posições divergentes representavam a barbárie galopante. Um verdadeiro reinado de obscurantismo e de fechamento, ao qual caberia uma nova *Aufklärung* lacaniana, com a sua consequente crítica da economia de poder e de autoridade no interior de seu sistema de transmissão. Junto, vinha a sede de debate, a expectativa do encontro entre leituras diversas e a importância de valorizar diferentes trajetórias formativas. Afinal, o que tínhamos de melhor era muita gente envolvida em cursos, em grupos de estudo, em supervisões e, o mais importante, em análises. Muita gente e pouca conversa, muita inibição e pouco sintoma.

Comecei a estudar psicanálise graças a uma bolsa de estudos, recebida no terceiro ano de psicologia, junto à antiga Biblioteca Freudiana. Contando 35 anos de idade, eu havia passado por cinco cisões, fusões, fundações e refundações de Escolas de Psicanálise. Tinha visto amizades destroçadas, transferências atravessadas e interrompidas, terrorismo significante por toda parte, vigilância e crítica malsã, confundindo-se com rigor e autoridade, criando o pior que a miséria institucional dos analistas pode produzir. Tudo em nome da psicanálise.

Tinha voltado de meu pós-doutorado na Inglaterra com um autodiagnóstico perturbador. Como seria possível que nossa psicanálise fosse, ao mesmo tempo, tão pujante e tão provinciana? Sentia uma estranha atualidade entre as críticas que Lacan fazia à psicanálise dos anos 1950 e a situação brasileira do lacanismo dos anos 1990. Era como se não tivéssemos aprendido nada. Em meio a essa decepção, deliberei duas medidas de sobrevivência para meu desejo de analista. A primeira consistiu em dizer sim para todos os convites, propostas, inscrições associativas, ou aventuras, que chegassem até mim, independente de sua procedência filiativa, salvo o limite de minhas forças e a tolerância de minhas pequenas indisposições. Já a segunda foi ler e reler a obra de Lacan do início ao fim, com espírito crítico, buscando fazer o mais simples que aprendera nos bancos escolares, ou seja, reconstruir o pensamento do autor segundo seus próprios termos e a partir de minhas próprias inquietações. Concebi *Referências e Contextos* como o título original desse seminário. Ele surgiu como atividade de um grupo de pesquisa na antiga, querida e falecida Universidade São Marcos. Ali, já orientava dissertações de mestrado desde 1996 e começava a ressentir-me da perspectiva que essa prática impunha, isto é uma de suas práticas suplementares, a saber, a pesquisa universitária. Com a noção de suplemento sugiro aqui o caráter não necessário, adicional e contingente pelo qual alguém pode desenvolver uma predileção pelo questionamento de conceitos e pela escrita universitária ligada à psicanálise. O intelectual não é um modelo para o psicanalista. Mesmo que Freud, ou Lacan, o tenham sido. Na sua maior expressão, isso não significa que os dotes de refletir, de escrever e de implicar-se no debate público sejam exigências intrínsecas para o psicanalista e para a sua formação. Contudo os efeitos de elitizar essa condição nunca se deveriam confundir com o ato de privatizar a experiência psicanalítica e sua formação. Endogamia análoga se encontrará na universidade e em seu discurso burocrático, sem qualquer implicação, ou consequência necessária, para com a sociedade da qual emerge e à qual deve prestar contas.

Em 2001, resolvi, então, começar este estudo diacrônico e sequencial da obra de Lacan, examinando-lhe os textos seminais das décadas de 1930 e de 1940. Um exercício de leitura, como qualquer outro, mas com uma condição que se mostrou crucial ao longo dos tempos. Nada que dissesse respeito a créditos, a certificados, a justificações departamentais, ou a usos para finalidades acadêmicas tradicionais deveria fazer parte desta experiência. Não é matéria, disciplina, curso de extensão, pós-graduação ou quejandos. Estava, assim, em uma universidade particular, promovendo uma atividade "aberta, gratuita, informal", conforme constava no anúncio da primeira convocatória. Isso significava trabalhar de graça e usar as dependências universitárias sem autorização, registro ou ordem. Ademais, isso implicava trazer pessoas que não eram alunos regularmente matriculados por cima das catracas e para dentro deste espaço.

Outra finalidade do empreendimento era reunir psicanalistas de diferentes procedências e proveniências para debater sobre a psicanálise em uma plataforma de encontros. A meta era construir uma espécie de ética da amizade, que eu sentia faltar entre analistas, sempre disparatados e tomados um a um. Foi assim que, em 2002, recebi Maria Lívia Tourinho Moretto e Ricardo Goldenberg. Já em 2003, conheci Vladimir Safatle, recém-chegado da França, e Isleide Fontenele, ainda antes da GV, mesmo ano em que minha amiga de outros carnavais lacanianos, Michele Roman Faria, ali lançou e debateu seu livro sobre *A Constituição do Sujeito*.

Em 2004, aconteceu uma mudança importante no Seminário. Quando me tornei professor do departamento de Psicologia Clínica da Universidade de São Paulo, o seminário tornou-se ainda mais patentemente fora do circuito de créditos e disciplinas. Além disso, passou a ser apresentado como "público, aberto e gratuito". Rapidamente se espalhou a notícia de que ele realmente era aberto a qualquer um que estivesse em São Paulo, vindo por outros motivos ou associações, e que tivesse algo a dizer, concorrendo para o debate público. Ou seja, psicanálise sem fronteiras, pelo menos sem as fronteiras típicas de nossos condomínios. Foi assim que, por lá, passaram Nina Leite, Mauro Mendes, Dominique Finguermann, Michel Plon, Bernard Nominé (2005), Nelson da Silva Jr., Marc Straus (2006), Ian Parker e Erica Burman, Luis Izcovich e Néstor Braunstein (2007), Gerárd Pommier, Jorge Ulnik, Slavoj Žižek (2008), Philippe Van Haute, Sidi Askofaré, Raul Pacheco (2009), Marcelo Mazzuca (2010), Carmen Gallano, Thamy Ayouch (2011), Gabriel Lombardi (2012), Michel Bousseyroux, Tiago Ravanello, Isloany Machado, Pedro Heliodoro Tavares, Gilson Iannini, Henry Krutzen (2014), Pedro Arévalo, Marie-Hélène Brousse (2015), Luiz Andrade, Pablo Peuzner e Paola Mieli (2016).

A partir de 2005, contei com a prestimosa dedicação de Daniele Sanches, que, primeiramente, gravava, depois transcrevia e, ao final, distribuía as versões escritas dos seminários. Inicialmente, tal prática constituía um exercício de estudo e também uma das funções do seminário durante esses anos: preparar os candidatos ao mestrado, ao doutorado ou à iniciação científica para elaborar um projeto de pesquisa. Mas à medida em que me deparava com o efeito de serialidade e de leitura do que havia dito, várias características da experiência começaram a ficar mais claras, o que, de certa maneira, modificou minha própria impressão do que devia ter sido a experiência de Lacan, com seus próprios seminários, durante 26 anos. Uma experiência que estava mais para uma mistura entre uma forja com ferro quente, escorrendo em momentos imprevistos, e um ateliê, com seus momentos de marasmo e de aflição, do que para a silenciosa mesa do gabinete de um escritor e seus livros. As perguntas desviam o caminho previsto, os acontecimentos da cidade interferem no que acontece, os últimos filmes em cartaz parecem definitivos, a alegria ou o cansaço interferem diretamente no resultado da produção. Falar "ao vivo" leva a uma série de imprecisões, de aproximações e de conjecturas. Há repetições improdutivas e esboços mal encaminhados. Citações incorretas são feitas de cabeça, reconstruções aproximativas, ou meramente intuitivas, levantam falsas promessas. Há inícios grandiosos de ideias que não prosperam. Outras, quase murmuradas, começam a insistir pela sua força de longo alcance. As notas não são suficientes, ou, quando o são, podem deixar uma sensação protocolar. O seminário constitui um lugar de experimentação, um "chão de fábrica" para ideias que, depois, são apresentadas de maneira muito mais limpa, polida e organizada. Mas é também o ateliê de criação, sempre aberto a quem quiser participar, meio sem compromisso e um tanto com muito compromisso.

Muitos vêm por anos a fio, outros vêm e vão, alguns aparecem apenas para dar uma olhada ou sentir o clima. Orgulho-me da quantidade de cartéis, de grupos de trabalho, de engajamentos e de colaborações que surgiram devido às oportunidades de encontro que o seminário produziu. Ele consiste, ainda, em um ponto de retorno onde posso reencontrar antigos alunos, ex-orientandos e gente que vem, agora, de várias partes do Brasil para partilhar alguma coisa. O Seminário faz parte das atividades formais do Fórum do Campo Lacaniano, do qual sou Analista Membro de Escola e para o qual entendo colaborar com esta encruzilhada entre a universidade e a Escola. Durante algum tempo, ele constituiu o lugar de encontro da Rede de Pesquisa de Psicanálise e Psicossomática, coordenada por Tatiana Assadi e Heloísa Ramires.

O seminário é teatro, o livro é cinema. Uma coisa é interagir com um pequeno grupo de amigos e de alunos, cujas faces são reconhecíveis e cuja ferocidade dá um tom lúdico que anima a controvérsia. Outra é improvisar com um cenário composto por mais de duzentas pessoas, com gente sentada nas janelas e em pé. À medida que o seminário foi crescendo, nacionalizando-se e internacionalizando-se, tive de diminuir sua extensão, em função dos problemas práticos para manter sua estrutura. A partir de 2013, o seminário passou a ser transmitido pelo IP-TV (a rede de televisão do Instituto de Psicologia da USP), graças à dedicada equipe técnica comandada por Gilberto Carvalho e Sonia Luque. O material encontra-se disponível no Youtube, ainda que incompleto, pois muitas sessões do seminário são transferidas, às vezes em cima da hora, para locais onde não há tecnologia de gravação.

Portanto o que o leitor terá, nesta pequena coleção de livros sobre o *Seminário Contextos e Referências sobre a Obra de Jacques Lacan*, compreende o período das transcrições, feitas entre 2009 e 2012 e dedicadas ao projeto de releitura da diagnóstica de Jacques Lacan, confrontando a teoria das estruturas clínicas, desenvolvida entre os anos de 1954 e 1958, e os achados da teoria dos quatro discursos (1968-1971), com as exigências impostas pela concepção de sexuação (1972-1974) e, ao final, com a topologia dos nós (1975-1980). Durante esse período, procurei uma psicopatologia não-toda, uma crítica tanto da diagnóstica psiquiátrica ascendente, quanto das reações psicanalíticas. A base delas, às vezes, era uma fundamentação sociológica, ou a radicalização de uma certa epistemologia clínica, ou, ainda, o desdém arrogante da própria existência, ou da necessidade de uma psicopatologia em psicanálise. Mas, além da crítica, trabalha-se com a hipótese de que nossos modos de sofrimento, de formação e de sintomas dependam de inflexões históricas. Sem prescindir do método estrutural, seria preciso, então, ler a diagnóstica lacaniana, trazendo, para a clínica, noções que se poderiam entender como metapsicológicas, tais como semblante, discurso e sexuação.

A proposta sucede oito anos de investigação detalhada a respeito da importância da influência sobre a formação do pensamento de Lacan, exercida tanto pelo método estrutural, quanto pela abordagem dialética. Em um momento no qual muitos se dedicavam, massivamente, aos últimos seminários e à sobrevalorização do conceito de real, parecia-nos decisivo entender a gênese de seu pensamento. Um espírito legalista diria que Lacan falava de seu ensino e não de sua obra, provavelmente estimulado pela ideia de que o ensino se aproxima mais da noção popularizada de transmissão. A observação de Lacan é pertinente, a de seus hagiógrafos, não. Quando se produz uma investigação, não se pode saber, exatamente, se há ou não obra, assim como os artistas só conseguem constatar a presença de obra muito depois de seu acontecimento. Lacan, obviamente, sabia disso e resguardava-se do erro. Por motivos análogos, é possível entender a afirmação de Lacan no seminário de Caracas: "Eu sou freudiano, se vocês quiserem, sejam lacanianos". O ensino presume alunos, estudantes, ou discípulos, não leitores, ou destinatários. Quem ensina transmite, mas não necessariamente forma, pois a formação consiste em um efeito que se realiza em quem recebe, e não em quem dá. Há muitos aspectos interessantes na noção de transmissão, mas há outros que se mostram um tanto vulneráveis. Propagar-se a noção de transmissão, em detrimento da de formação, constitui um dos efeitos da absorção neoliberal da psicanálise lacaniana, assim como o entendimento de que o "analista não se autoriza senão de si mesmo". Analista auto-empreendedor, que, de acordo com o espírito neoliberal, rapidamente autoriza-se por si mesmo, sem que isso realmente respeite o tempo de sua análise, de sua supervisão e de seu percurso teórico. Assim como Schreber falava de "homens feitos ás pressas" para designar certas alucinações, poderíamos falar em "analistas feitos ás pressas".

A noção de obra é correlata à de autoria, o que também exige certa distância para produzir-se. Há vários inconvenientes na ideia de obra, mas há um que a noção de ensino não consegue preencher. Uma obra define-se pela unidade, o ensino, não. Podemos ensinar muitas coisas diferentes, com vários tipos de contribuição e de efeito. Uma obra, ao contrário, convida ao raciocínio sinóptico, no qual se podem supor uma lógica interna e uma arquitetura, ainda que retrospectiva. O seminário chama-se *Sobre a obra de Jacques Lacan* porque ele tenta pensar os movimentos de uma escrita de acordo com a hipótese de unidade, *Ilad´un, hálgum*, como propôs Cláudia Berliner em nosso seminário. Se acreditamos nessa grande mutação, datada de 1960, a partir da introdução do conceito de objeto a, e não três fases, quatro subdivisões temáticas ou seis paradigmas, é porque seguimos a hipótese da existência de uma obra em Lacan, e não de apenas um ensino.

Reintroduzir a psicanálise no debate da razão implica, basicamente, a reabertura de sua discussão com a ciência, bastante prejudicada pela propensão dos analistas a tomarem, como cânone, as referências de Lacan, particularmente na linguística, na antropologia, na matemática e "por que não dizer?" na psicopatologia. Ou seja, permanecer lacaniano é manter-se no escopo de Saussure e Jacobson, tornando-os imunes aos desenvolvimentos das novas linguísticas da enunciação e da análise de discurso. Ficar com Lacan é aferrar-se à antropologia de Lévi-Strauss, ignorando os desdobramentos perspectivistas do pós-estruturalismo. Ser realmente lacaniano é usar a letra de seu texto para permanecer surdo às releituras criativas de Hegel pelos anglo-saxônicos e eslovenos. Manter-se no escopo do que "Lacan disse" é recusar--se a saber o que vem depois da descoberta do polinômio de Alexander na topologia dos nós. Aqui há um quiasma metodológico: podemos ler Lacan como um autor da filosofia, suspendendo seu regime de verdade e mantendo-nos na reconstrução do movimento de suas ideias. Também temos a opção de ler Lacan como um autor de ciência, renovando suas fontes e seguindo as consequências de suas hipóteses em um regime que não é fechado em relação à obra, mas aberto em relação à clínica e à história, como pretendia Freud em seu famoso parágrafo metodológico de *Pulsão e suas Vicissitudes*[1]. Em certa medida, é preciso fazer as duas coisas, mas sem esquecer de suas diferenças. Caso contrário, arriscamo-nos a imunizar o texto contra a experiência, ou, inversamente, a justificar qualquer prática, ainda que errática ou sugestiva, em nome da ambiguização de interpretações e dos interesses institucionais em formar e reformar a doxa lacaniana.

Mas há uma segunda conotação envolvida no debate das luzes, ao qual Lacan filia seus escritos, conforme declaração nominal, eleita para figurar na contracapa do referido livro. O debate das luzes constitui o debate da ciência, mas também o que presume e constitui o espaço público, como aspiração de universalidade e maioridade. Mais grave, portanto, em termos políticos, é imaginar que seremos realmente lacanianos se nos mantivermos aferrados às diretrizes por ele elaboradas para uma escola parisiense de psicanálise, hoje transformada

---

1 Freud, S. (1917) Pulsões e suas Vicissitudes. In *Obras (In) Completas de Sigmund Freud*. Belo Horizonte: Autêntica.

em um movimento com milhares de analistas em mais de 50 países pelo mundo. O *Seminário Referências e Contextos sobre a Obra de Jacques Lacan* desenvolveu-se em correlação com o projeto de pesquisa sobre patologias do social, do Laboratório de Teoria Social, Filosofia e Psicanálise da USP, que coordeno ao lado de Nelson da Silva Jr. e de Vladimir Safatle. Na convergência entres esses dois esforços, encontra-se meu livro sobre *Mal-Estar, Sofrimento e Sintoma* (Boitempo, 2015), que tenta ponderar os três aspectos desse período do nosso seminário: clínico, político e científico.

Depois de um período inicial no qual a leitura dos seminários e dos textos de Lacan seguiu a ordem cronológica, da tese de 1932, sobre *A Psicose Paranoica*, até o *Seminário V*, sobre *As Formações do Inconsciente*, entre 2006 e 2008, dedicamo-nos a estudar dois problemas fundamentais: a definição do que vem a ser clínica psicanalítica em Lacan e as suas relações peculiares entre transferência e angústia. Entre 2008 e 2010, o programa incluía um enfrentamento da noção de clínica, que se poderia distinguir da noção de cura (*cure*) e de tratamento (*traitment*), ou terapia, em Lacan, à luz do chamado último Lacan. A verificação de que não se poderia falar, propriamente, em clínica, no sentido de uma nova clínica, com os achados do período posterior a 1973 em Lacan, levou-nos à hipótese de uma psicopatologia não-toda. No segundo semestre de 2009, esse problema abriu-se com a conferência de Gérard Pommier sobre o aspecto problemático das fobias na obra de Lacan.

Neste seminário, desenvolvido no primeiro semestre de 2010, apresentei a hipótese de uma psicopatologia não-toda, ou seja, uma psicopatologia que levasse em conta, radicalmente, as consequências da *teoria da sexuação*, de Lacan, para pensar a totalidade de nossas formas de sofrimento. Parti da ideia de que o conceito de *sintoma* constitui a ideia primitiva da clínica e de qualquer racionalidade diagnóstica. As considerações diagnósticas de Lacan afastam-se de uma totalização geral dos quadros clínicos, ao modo de um sistema, mas também procuram substituir o historicismo e o desenvolvimentismo pelo método estrutural de abordagem dos sintomas. Todavia a noção de estrutura comporta duas acepções diferentes: uma, interestrutural, baseada na diferença e na irredutibilidade entre *neurose*, *psicose* ou *perversão*, estruturas definidas por um tipo específico de defesa ou de negação (recalque, foraclusão ou renegação). Outra, intraestrutural, em que se articulam diferentes sintomas, inibições e angústias em um sujeito, ou ainda, os diferentes tipos clínicos que existem no interior de uma estrutura. Essa diferença é o que nos impede de equiparar a totalidade das estruturas às categorias de um código exaustivo de síndromes ou transtornos. Que os tipos clínicos decorrem da *estrutura*, eis o que já se pode escrever, embora não sem flutuação. Isso só é certo e transmissível pelo discurso histérico. É nele que se manifesta um real próximo do discurso histérico[2].

Nesse panorama, o tipo clínico consiste nas variantes internas de cada estrutura. Assim, na neurose, as variantes são: a histeria, a neurose obsessiva e a fobia; na psicose, a esquizofrenia, a paranoia e a mania--depressão; já na perversão, o masoquismo, o sadismo e o fetichismo. Há, ainda, subtipos, como, por exemplo, a paranoia de autopunição e a paranoia de reinvindicação, no caso da paranoia; a neurose de angústia, a neurastenia e a hipocondria, para as neuroses histéricas, para a neurose obsessiva e para a fobia, respectivamente. Isso nos levaria, por progressão estrutural, a falar em oposições entre sintomas: a conversão para a histeria, a ideia obsessiva e a compulsão, para a neurose obsessiva; a fobia e as formações de esquiva, para a neurose fóbica. Esse desmembramento poderia incluir os tipos de caráter ou personalidade: o fálico narcisista para a histeria, o esquivo para a fobia, anal para a neurose obsessiva. Desse modo, surgiriam comunidades ou categorias psicopatológicas análogas às do DSM, mas com a diferença de que, entre elas, existiria uma ordem etiológica diferencial e uma lógica de classificação que não seria nem convencional nem arbitrária. Mas o princípio permaneceria o mesmo: uma psicopatologia da totalidade. Apenas substituímos a totalidade exaustiva, baseada em critérios empíricos, por uma totalidade abstrata, mesmo que baseada em critérios estruturais. Isso nos levaria a pensar em uma espécie de linguagem comum a cada uma das estruturas e a cada um dos subtipos estruturais. Mas esse não parece ser o caso, pois:

2 Lacan, (1973a) *O Aturdito*. In: *Outros Escritos*. Rio de Janeiro, 2003. p. 554.

"Os sujeitos de um tipo, portanto, não [têm] utilidade para os outros do mesmo tipo. E é concebível que um obsessivo não possa dar o menor *sentido* ao discurso de outro obsessivo."[3]

Nesse sentido, o sintoma não faz uma comunidade de mútuo reconhecimento. É o sofrimento que gere a identificação necessária para isso. A *classe de todas as classes* ou *a ordem de todas as ordens* consiste no tipo de problema que Lacan examina com profundidade através dos paradoxos lógicos apresentados por matemáticos como Frege, Russel, Cantor e Gödel. Mal-estar, sintoma e sofrimento formam uma unidade contingente, porém nem todo sintoma faz sofrimento, nem todo sofrimento faz sintoma, nem todo mal-estar se nomeia por meio de um sintoma e se articula a uma narrativa de sofrimento. O fetiche pode ser um transtorno para os que cercam um sujeito na perversão, mas não para ele mesmo. Há inúmeras formas de sofrimento, como o luto, o estranhamento, os estilos de caráter, que não possuem sintoma.

Contudo há um segundo nível no qual é preciso introduzir a hipótese de uma psicopatologia não-toda, já que, nele, não se verifica a totalidade formada entre sintomas e estrutura clínica, bem como entre a totalidade dos sintomas de um sujeito e sua estrutura (neurose, psicose ou perversão).

Essa ideia já aparecera na comparação entre histeria e neurose obsessiva, tendo, como referência, o grafo do desejo. Na histeria, o ponto de apoio falho está na relação entre o objeto e a imagem do objeto, ao passo que, na neurose obsessiva, se encontra na relação do sujeito na fantasia[4]. Ora, nesse caso "a estrutura" refere-se ao grafo como topologia do sujeito, o que difere de quando se compara "a estrutura" no esquema R referente à estrutura da neurose e no esquema I, da psicose[5]. No fundo, a estrutura clínica consiste numa dedução dos modos de relacionar-se com a função paterna, como indutora dos processos de negação, de simbolização e de organização da realidade e do acesso ao "tipo ideal" de seu sexo:

---

3 Lacan, J. (1971-1972) *O Seminário Livro IXX ... ou pior*. Rio de Janeiro, Zahar: 100.
4 Lacan, J. (1957-1958). *O Seminário: Livro V As Formações do Inconsciente*. Rio de Janeiro: Jorge Zahar, 1999.
5 Lacan, J. (1957). *Questão Preliminar a todo tratamento possível da psicose*. In: Escritos. Rio de Janeiro: Jorge Zahar, 1998. p. 559 e p. 578.

"Um pai só tem com o mestre [—] o falo do mestre tal como o conhecemos, tal como funciona [—] a mais longínqua das relações porque, em suma, ao menos na sociedade com que Freud lida, é ele quem trabalha para todo mundo."[6]

Chegamos, assim, a outro ponto crítico da *teoria das estruturas*, em seu primeiro desenvolvimento, ou seja, seu neurótico-centrismo, o qual não decorre da apreensão moral da neurose sobre a psicose e, de ambas, sobre a perversão, mas da consequência do método estrutural. Define-se a psicose como "não ocorrência de uma afirmação ou simbolização primordial", ou como "foraclusão do Nome-do-Pai", ou como "irrealização da metáfora paterna". A primeira consequência crítica do neurótico-centrismo é nos levar a uma concepção deficitária das psicoses e das perversões, já que são descritas como uma espécie de déficit de funcionamento ou de experiência deduzida da neurose. Por isso, Lacan apresenta, pela primeira vez, sua fórmula sobre a metáfora paterna, no texto que tem, por objetivo, descrever a estrutura das psicoses. A segunda consequência crítica do neurótico-centrismo é o fato de nos impedir de perceber, desde Freud, que existe uma multiplicidade de esquemas etiológicos e que a *teoria da defesa primária* constitui um deles, mas não é o único e nem o único que pode ser estrutural. Por exemplo, a hipótese da fixação, a teoria do narcisismo, bem como a *teoria da fusão-desfusão das pulsões* consistem em ideias tão estruturalizáveis quanto quaisquer outras. Não há por que tomar partido da primazia das estruturas antropológicas, como se elas fossem o protótipo exclusivo da estrutura. O mesmo se poderia dizer das estruturas ontológicas. Nesse cenário, Van Haute[7], crítico da edipianização da Psicanálise, mostrou que, no caso Dora, Freud trabalhou fora do esquema edipiano e que sua diagnóstica centrou-se, principalmente, sobre o corpo e sobre o descentramento entre certos sentimentos (como, nojo, vergonha, raiva, ciúmes) e suas raízes em experiências de subjetivação, do próprio corpo, entre o real, o simbólico e o imaginário.

---

6   Lacan, J. (1969-1970.) *O Seminário: Livro XVII O Avesso da Psicanálise*. Rio de Janeiro: Jorge Zahar, 1991. p. 94.

7   Van Haute, Philippe; Geyskens, Tomas. *Eu não acredito mais na minha neurótica. Trauma disposição após o abandono da teoria da sedução*. A Peste Revista de Psicanálise e Sociedade e Filosofia, v.2, n. 1, 2010.

É nesse ponto que devemos reiterar a importância de manter a diferença entre as estruturas antropológicas (constituição do sujeito, formação de sintoma, construção da fantasia) e as ontológicas (real, simbólico e imaginário). Vale ressaltar que as estruturas clínicas compõem-se, heterogeneamente, da relação dialética entre as estruturas e as não deduções de teoria universal da constituição do sujeito, que prescreve os tipos desviantes a partir da normalidade neurótica. Nesse contexto, é exatamente essa reversão que encontramos nos estudos relativos à clínica borromeana[8], a qual afirma que a psicose, através da hipótese da foraclusão generalizada, é quem conduz ao modelo mais simples e, portanto, mais universal e elementar de funcionamento da subjetividade.

Isso permitiria resignificar a flutuação diagnóstica de uma categoria como a paranoia. Há a paranoia como modo de relação imaginária, inerente ao funcionamento do *Eu* como sistema de projeção e identificação ao *Outro* como objeto[9], bem como a paranoia como efeito do discurso do mestre[10]. Existe, também, a paranoia como sintoma estrutural da sexuação, manifestação do gozo do *Outro*[11]. Finalmente, no contexto da clínica borromeana, encontramos a ideia de que não há relação entre paranoia e personalidade, porque elas são a mesma[12]. Em outras palavras, a paranoia pode ser um tipo de funcionamento do *Eu*, o sintoma de uma crise narcísica, um modo de relação com a falta, um tipo de recusa do gozo, um efeito de discurso, um tipo clínico. Tudo leva a crer que, em Lacan, a consistência da classe psicopatológica prende-se ao contexto específico de sua estruturalização. O sonho de classes consistentes, hierarquizadas em tipos clínicos regulares, separados em sintomas diferenciais, mostra-se mais uma psiquiatrização da Psicanálise lacaniana, movida pelo desejo de uniformidade didática, do que uma realidade

---

8 Lacan, J. (1975-1976). *O Seminário: Livro XXIII O Sinthoma*. Rio de Janeiro: Zahar, 2007.
9 Lacan, J. (1955-1956). *O Seminário: Livro II O Eu na Teoria e na Técnica da Psicanálise*. Rio de Janeiro: Jorge Zahar, 1985.
10 Lacan, J. (1969-1970). *O Seminário: Livro XVII O Avesso da Psicanálise*. Rio de Janeiro: Jorge Zahar, 1992.
11 Lacan, J. (1972-1973). *O Seminário: Livro XXIII O Sinthoma*. Rio de Janeiro: Jorge Zahar, 1982.
12 Idem.

textual diante das diferentes e heterogêneas estruturalizações que encontramos na obra e na experiência.

Nessa direção, pelo fato de a *teoria das estruturas clínicas* ser dogmática, acaba deixando de considerar quatro elementos clínicos importantes: (a) o desencadeamento dos sintomas e tipos clínicos; (b) o momento histórico de decisão da estrutura; (c) o que Freud chamava de "fator quantitativo" e (d) uma concepção de transferência que realmente particularize a direção do tratamento em acordo com a especificidade do diagnóstico[13]. A recusa sistemática de enfrentar esse conjunto de problemas, nos conduz a uma crítica pela qual se imputa, à noção de estrutura, um inerente *essencialismo fonologista prisioneiro de uma metafísica da presença*[14]. Senão, vejamos como tal objeção poderia ser contornada mediante o uso de outro aspecto tardio da *teoria das estruturas* em Lacan, a saber, a *teoria dos quatro discursos*. Os discursos constituem metaestruturas, porque versam não apenas sobre a organização mito-neurótica, mas também sobre os ritos ou trocas que constituem o laço social. Nesse caso, é a ideia de gozo e de *objeto a* que condensam a estrutura, conferindo a ela uma heterogeneidade entre saber e prática ausente nos primeiros desenvolvimentos:

> "De que desvio decorre a *eclosão de uma neurose*? [...] É esse o anaclitismo que enunciei da última vez. É aí que se designa o ponto de entrada pelo qual a estrutura do sujeito constitui um drama. [...] o peso que assume aí o *objeto a*, não por ele se presentificar nisso, mas por demonstrar, retroativamente, que era ele que criava, antes, toda estrutura do sujeito"[15].

Recupera-se, nesse contexto, a antiga noção freudiana de apoio (anáclise — *Anlehnung*), para designar a sobreposição, o "ponto de entrada", o apoio, voltando ao termo, entre sujeito e estrutura. Assim, o *objeto a*, consiste no elemento conceitual no qual se concentrará a articulação entre experiência negativa e representação impossível,

---

13 Dunker, C.I.L. (2002) *O Cálculo Neurótico do Gozo*. Escuta, São Paulo.
14 Derrida, J. (1996). *Resistências del Psicanálise*. Buenos Aires: Letra Viva, 1997.
15 Lacan, J. (1968-1969) *O Seminário Livro XVI de um Outro ao outro*. Rio de Janeiro, Zahar, 2008, p. 312.

que caracteriza, a partir daqui, a noção de estrutura. Portanto, Lacan reposiciona a noção de estrutura clínica, tornando-a compatível com a transferência, por um lado e, por outro, com a gramática de gozo:

"[...] que é no nível do narcisismo secundário, sob forma característica de captura imaginária, que se apresenta para o neurótico, de maneira totalmente diferente da do perverso, o problema do objeto a. [...] [Existe] em algum lugar, para o neurótico, uma relação não de suplemento, mas de complemento no Um [...]"[16].

Esse viés traz vantagem adicional, localiza melhor qual é o papel do modo prevalente da economia de gozo na determinação da estrutura. Nesse sentido, os tipos clínicos não podem ser descritos apenas pela organização pulsional prevalente. Isso seria o mesmo que definir a neurose obsessiva pela analidade ou, a histeria, pela oralidade. Zoofilia, parafilia, voyeurismo, exibicionismo, sadismo ou masoquismo não definem uma perversão, como estrutura clínica, nem do ponto de vista metapsicológico (podem ser apenas formas de fixação da libido), nem do ponto de vista clínico (podem exprimir formas de defesa). Elas podem ser meros sintomas, ou mesmo, tipos clínicos. Na clínica sob transferência, não são as práticas que definem o diagnóstico, mas sim a posição subjetiva, o desejo, o discurso e a sexuação que se articulam nas práticas. Os tipos clínicos também não podem ser descritos pelo tipo de escolha de objeto, já que esse método estabelece apenas uma configuração do narcisismo, não uma posição subjetiva diante do desejo ou um tipo de inscrição de gozo.

Logo, o homoerotismo, como prática erótica ou tipo de laço desejante, não pode e não deve ser usado para caracterizar a perversão. Desfaz-se, assim, a grande narrativa clínica que servira de referência à estruturalização da perversão, ou seja, a homossexualidade. A crítica de que as estruturas clínicas servem para *patologizar formas de gozo*[17], essencializando o sujeito, o desejo ou as formas de gozo,

---

16 Lacan, J. (1968-1969). *O Seminário: Livro XVI De Um Outro ao outro*. Rio de Janeiro: Jorge Zahar, 2008, p. 252-253.
17 Barbero, G.H. *Homossexualidade e Perversão na Psicanálise*. São Paulo: Casa do Psicólogo/Fapesp, 2005.

respectivamente, na psicose, na neurose e na perversão, pode ser então relativizada no interior da *teoria dos discursos*. Nesse caso, o que é típico e diferencial não é a modalidade de gozo definida pelo objeto e meio preferencial da pulsão, mas o tipo estrutural de fracasso da experiência e do reconhecimento da experiência e da experiência de reconhecimento. Governar, educar, fazer desejar e analisar são práticas ou fazeres caracterizados pela impotência ou pela impossibilidade. Contudo se poderia lembrar do caráter "assexuado" dos discursos, isto é, não há o discurso do mestre-mulher e o discurso do mestre-homem, retomando objeções antes examinadas.

Portanto, a solução que recorre aos discursos, deve entendê-los como fazendo uma "mediação" entre os dois lados da sexuação, ou seja, um semblante da relação sexual e uma forma de "nomeação" do gozo. Desse modo, a descaracterização da perversão como estrutura constituiria o custo teórico dessa solução. Porém não parece um custo muito alto para transformar a psicopatologia estrutural kantiana em uma psicopatologia não-toda *(pas-tout)*. Nesse panorama, mais uma vez mostra-se importante distinguir entre uma *diagnóstica da estrutura* (a relação entre o falo e o universal-necessário da lei simbólica), uma *diagnóstica da fantasia* (a relação de falta do objeto ao sujeito), uma *diagnóstica da sexuação* (a não relação entre uma e outra), acrescentando agora a diagnóstica dos discursos (como paradigma do laço social).

PREFÁCIO - LITORAIS DO PATOLÓGICO

Não há discurso que não seja o do semblante — eis a tese de Jacques Lacan que acompanhamos Christian Dunker analisar por meio dos fundamentos da conceituação da verdade e que ganhará maior solidez através do mergulho no Oriente. O curso atual dedica-se a continuar os desenvolvimentos teóricos do Seminário XVIII *De um discurso que não fosse do semblante* (1971), de modo a aprofundar, ainda mais, a pesquisa realizada em ato e renovada a cada encontro. Para muito além de uma exploração das bases epistêmicas do ensino, o comentário do semestre destina-se a construir interpretação inédita de leitura sobre a razão diagnóstica da obra lacaniana.

A difícil passagem conceitual da *teoria dos discursos* à *teoria da sexuação*, leva Christian Dunker a formular com mais consistência sua hipótese de que o ensino de Jacques Lacan possui um sistema diagnóstico aberto e compartimentado, nomeado psicopatologia não--toda. O comentário opera por meio da subversão, ao propor que os múltiplos sistemas teóricos do ensino não compõem um conjunto fechado. Desse modo, as diferentes teses diagnósticas não formariam um "todo" sobre o sujeito lacaniano, mas sim um mosaico de possibilidades, subestimado e pouco explorado em seu alcance clínico.

Sustentar a hipótese de uma psicopatologia não-toda acarreta extrair uma dupla consequência ao campo clínico psicanalítico. A primeira, a desestabilização de um dos maiores dogmas atribuídos ao ensino lacaniano, ou seja, trata-se de desconstruir a suposição de universalidade da *teoria das estruturas clínicas* (neurose, psicose e perversão), destacando as insuficiências do modelo e revelando a solidez de outras diagnósticas internas à obra. A segunda consequência localiza-se na interface da Psicanálise com o campo sociocultural, carregando uma forte objeção à tendência totalizadora imposta pelos manuais de psiquiatria contemporânea que entendem qualquer sofrimento como signo de uma patologia, provocando uma demanda pelo consumo excessivo de medicamentos.

Nesse panorama, ao examinar a atribuição interna à obra, a pesquisa nos conduz a retirar, do texto de Jacques Lacan, os elementos conceituais que atestam o fracasso do modelo das estruturas clínicas para pensar quadros-clínicos que envolvam maior complexidade. Ao possuir uma lógica exclusivamente binária (baseada na foraclusão ou inscrição do Nome-do-Pai), o modelo clássico revela-se insuficiente para abarcar e tratar condições subjetivas paradoxais, tais como os quadros *borderline*, até então, sistematicamente, excluídos do exame lacaniano contemporâneo. Vale ressaltar não se tratar de propor que tal modelo binário das estruturas clínicas esteja equivocado, mas sim de demonstrar que ele não é único, nem universal.

Para fundamentar a hipótese, no Capítulo 1, *Patologias da narrativa e o tratamento discursivo da sexuação*, Christian Dunker separa as diferentes teses diagnósticas presentes no ensino lacaniano, dividindo-as em cinco modelos de pensamento que se intercalam e se conjugam, mas não se fundem entre si: 1. *Teoria das Estruturas Clínicas*; 2. *Teoria do Ato*; 3. *Teoria dos Quatro Discursos*; 4. *Teoria da Sexuação*; 5. *Teoria do Nó-Borromeano*. A costura destaca a distinção entre os conceitos de letra e de significante como um dos signos da multiplicidade teórica que sustentaria a variabilidade dos modelos diagnósticos. A noção de letra se estabelece como fio condutor prestes a ser concretizado como fundamento alternativo do sujeito lacaniano. Assim, Jacques Lacan parece consentir que já não mais poderá definir seu sujeito apenas como efeito do significante, ideia que ganhará força pela escrita chinesa.

No Capítulo 2, a função da língua e da literatura orientais, na obra, é praticada através de três entradas: a filosofia de Mêncio; a ideia de civilização moderna e a temática da escrita. No campo do debate filosófico e da civilização, considera-se o pensamento oriental antídoto diante do furor de representação do ocidente, decorrente da experiência da razão. Na belíssima discussão, o ocidente moderno aparece adoecido pelo excesso de luzes que jogou sobre si, um abuso de razão e representação; já o oriente, preservou-se embaixo das sombras que compõem a existência humana. A língua chinesa traz a Jacques Lacan uma das maiores inversões teóricas que seu ensino poderia admitir, pois tem diante de si, uma completa dissonância, não entre o significante e significado, mas sim entre o significante e o fonema, sempre suposto equivalente. Tal relativização dará início à necessidade de pensar um modelo linguístico alternativo, o que levará o ensino a se aproximar da escrita experimental de James Joyce e assumir certa distância das teses de Ferdinand Saussure.

No Capítulo 3, *A letra não é o significante: demonstração pela linha de borda*, observamos que a grande descoberta de Jacques Lacan foi entender que a recusa chinesa em assumir substância para o ser é estrutural, não somente filosófica. O oriente recusa as representações fixas para o sujeito, visto que a própria língua chinesa dispensa o verbo "ser". As palavras e as coisas não "são" algo, elas transformam-se em algo. Nesse sentido, ler ideogramas consiste em um exercício de suposição, de interpretação e de mutação. Nessa esteira, em movimento inédito dentro do lacanismo brasileiro, Christian Dunker assume o reconhecimento do quadro *borderline* e usa a distinção entre letra e significante como saída conceitual, através da qual, a clínica lacaniana pode balizar a condução desse tipo de caso. A escuta com o paciente *borderline* mostra-se efetiva quando se opera com o fato de que letra e significante não são o mesmo.

O Capítulo 4, *Por que não toda mulher é histérica?*, discute a teoria a fim de provar, clinicamente, a hipótese da psicopatologia não-toda, desconstruindo saberes assumidos como inabaláveis da clínica da histeria. O exercício de desmontagem ambienta-se em debate dos anos 1970, no qual autores questionam a consistência da clássica histérica freudiana. Absorvendo a validade da contestação para dentro *da teoria da sexuação*, acompanhamos uma verdadeira torção da metapsicologia da histeria. Nesse panorama, manifestações sólidas de histeria, como a insistente colocação do falo à prova e a compulsória identificação do sujeito como falo, têm sua função invertida a partir das fórmulas da sexuação. Desse modo, a hiperinflação do falo não responderia à tese da identificação, mas sim ao efeito de um trabalho psíquico que tenta aplicar a lógica fálica a um campo de gozo Outro. A desmontagem passa pela evidencia de que há condutas clínicas distintas a depender do semblante sustentado pelo sujeito, inversão que descongela o lugar cristalizado da clínica da histeria dentro da *teoria das estruturas* e obriga a pensar manejos diferenciais dentro da *teoria dos discursos* ou da *teoria da sexuação*.

O Capítulo 5 insere, no campo lacaniano, complexas discussões contemporâneas, tais como o incremento da presença da histeria em homens e a alta demanda pelas cirurgias de redesignação sexual dos transgêneros. Nesse contexto, a pós-modernidade define-se por suas características distintas de reprodução cultural e de transmissão. No campo da reprodução, o capítulo destaca a forte tese social sobre a "queda das grandes narrativas". Aborda-se a notória falência da literatura dos grandes romances que delimitavam o espaço total de uma vida, desde o nascimento até a morte. Também, na *teoria social*, Richard Sennett e Zygmunt Bauman consistem em leituras obrigatórias sobre a inconsistência e a fugacidade dos laços sociais pós--modernos. No campo da transmissão, entretanto, retoma-se a ideia de que, para a teoria lacaniana, a verdade não precisa de qualquer grande narrativa para ser transmitida, mas sim de um semblante que lhe dê abrigo. Dessa forma, Christian Dunker desarticula um dos principais preconceitos morais de nossa época, já que retira o debate sobre os transgêneros do campo das patologias para reposicioná-lo no campo dos discursos.

O Capítulo 6 apresenta a ideia de que, na obra lacaniana, a articulação entre falo e *objeto a* constitui o circuito conceitual que permite relacionar os discursos à sexuação. Novamente, a clínica das mulheres histéricas entra em foco: de um lado será reconstruída através do caso inaugural de Anna O; de outro, será confrontada com a posição da mulher obsessiva, cujo modelo paradigmático, para Jacques Lacan, é Medeia. A passagem do discurso à sexuação demonstra-se por meio das suplências construídas por Anna O. que, através da escrita e da vida institucional, consegue estabilizar um semblante capaz de mantê-la numa posição sexuada, sem precisar exercê-la. No extremo oposto, aparece Medeia, aquela a quem Lacan nomeou de "a verdadeira mulher", uma subjetividade na qual, ou ela existe como mulher, para um homem, ou não existe como mulher. A diferença sustenta-se, parcialmente, pela relação com o falo. Na neurose obsessiva, ele é sempre suposto do *Outro*, o signo da não castração do outro. Mas, tal como nos homens, as mulheres obsessivas também usam a lógica da exceção para a qual haveria "o menos um" que escapa à castração.

O Capítulo 7, *A metáfora paterna e a metonímia dos semblantes:*

patologias da evitação da castração, encerra a discussão do semestre a partir da função exercida pelos mitos de *Édipo* e de *Totem e Tabu* na obra de Jacques Lacan, concluindo as bases que fundamentaram a hipótese de pesquisa. Christian Dunker observa, em Lacan, que as diversas teses diagnósticas indicam níveis a separar e estratificar clinicamente. Desse modo, há o nível do mito, o do tipo clínico e o da sexuação. Cada qual implica o exame das relações diferenciais com o desejo referidas a uma origem mítica do gozo e da castração. Da temática mitológica às teses sociais antagônicas entre Jean-Jacques Rousseau e Thomas Hobbes, destaca-se o esclarecimento sobre as neuroses, as quais seriam vicissitudes lógicas com o intuito de evitar o impossível. Tanto a histeria, quanto a neurose obsessiva produzem uma vida consagrada a dar voltas "em torno de. A histeria remete à castração a um outro; a neurose obsessiva a pega para si; entretanto, no que tange à relação do saber com a verdade, ambas compõem-se da mesma matéria, isto é, todo discurso é do semblante.

Por fim, do excesso das luzes do ocidente à preservação do espaço de sombras do oriente, o comentário do semestre, em nenhum momento, se distancia do campo clínico diagnóstico. Pela desmontagem de quadros clássicos ou pela composição de novos quadros, tais como a questão dos transgêneros ou dos *borderlines*, fica evidente a necessidade de a obra de Jacques Lacan não ser entendida como conjunto completo e potente suficiente para produzir um único saber diagnóstico. Ou seja, cada tese de Lacan comporta uma verdade clínica que deve ser assumida em sua particularidade. Em suma, finalmente, aprendemos que já não mais é possível olhar para o ensino lacaniano como portador de uma única verdade diagnóstica, elevada ao estatuto de dogma ou concebida intocável como um mito.

Daniele Rosa Sanches.
São Paulo, 22 de abril de 2017.

1 - PATOLOGIAS DA NARRATIVA E O TRATAMENTO DISCURSIVO DA SEXUAÇÃO

Boa tarde, sejam bem-vindos a mais um semestre. Este seminário é um afluente de nossa grande pesquisa denominada: "Patologias do Social: crítica da razão diagnóstica", desenvolvida como projeto do LATESFIP-USP (Laboratório de Teoria Social, Filosofia e Psicanálise), coordenado por mim, pelo Prof. Nelson da Silva Jr. e pelo Prof. Vladimir Safatle, da Filosofia. A pesquisa parte do pressuposto de que a Psicanálise, principalmente de orientação lacaniana, vive um momento de balanço, não só de suas categorias diagnósticas (neurose, psicose, perversão), mas também de sua razão diagnóstica, ou seja, uma análise do lugar que o diagnóstico ocupa na clínica. A partir dos séculos XVIII e XIX, a clínica passou a ser organizada como um dispositivo no qual a diagnóstica se articula com a terapêutica, com a etiologia e com a semiologia, formando uma rede de campos epistêmicos na qual a Psicanálise subverteu a prática da medicina.

Neste semestre, nossa preocupação foca em esclarecer os pressupostos da razão diagnóstica, por meio do embate com o que denominamos "psicopatologia jurídica da totalidade", governada pela razão dos manuais, portanto, a lógica que induz a crer que, se está no código, existe, se não está, não existe. Segundo essa premissa, o diagnóstico torna-se questão de juizado de pequenas causas, incluindo-se o caso específico no artigo ou na classe à qual pertence. Por meio do resgate histórico, constata-se que há um mutualismo entre clínica e filosófica, desde a época do alienismo de Philippe Pinel, o que se manteve com o nascimento da Psiquiatria, no século XIX, bem como com o surgimento da Psicopatologia, no início do século XX. O alienismo e a alienação constituem conceitos clínicos e filosóficos, simultaneamente, ideia apresentada por Lacan, ao lembrar, sempre, que a alienação, inicialmente, designava os loucos. Entretanto, a partir da leitura de Hegel sobre Pinel, passou a conceito importante para o marxismo e para toda a filosofia do século XX. Esse exemplo reitera, apenas, a ideia de que sempre existiu a aquisição de conceitos entre a clínica e a filosofia.

	Séc
Alienismo	XVIII
Psiquiatria	XIX
Psicopatologia	XX
Psicanálise	XX-XXI
Tecnopsiquiatria	DSM/CID10

A partir da segunda metade do século XX, o sistema de importações de pensamento começou a se dissolver, já que ocorreu uma autonomização das categorias diagnósticas, por meio da expansão do sistema DSM (Manual Diagnóstico e Estatístico de Transtornos Mentais[18]) e do CID 10 (Código Internacional de Doenças[19]). Depois da propagação dos manuais, houve um movimento de reação que levou a importar as categorias de cunho diagnóstico para a área da *teoria social*, a partir da Psicanálise.

O melhor exemplo desse movimento consiste na pesquisa do filósofo, Theodor Adorno, sobre a personalidade autoritária no período pós-guerra. Além dele, autores como Gilles Deleuze e os da Escola de Frankfurt, Jürgen Habermais e seu sucessor, Axel Honneth, também utilizaram categorias psicanalíticas para fazer crítica social. Trata-se de uma crítica dos laços sociais e, nesse contexto, investiga-se a possibilidade de fazer o movimento inverso, revertendo aquela lógica à clínica. Seria possível colher os desdobramentos feitos pela *Teoria Crítica Social* e recolocá-los no campo clínico? É esse o grande panorama de fundo do nosso comentário neste semestre. Nesse panorama, partimos do olhar de Jacques Lacan sobre esse movimento, assim, enfatizaremos suas referências. Esse exercício de leitura será orientado por uma hipótese de trabalho que vou resumir brevemente aos iniciantes, mas peço

---

18 Associação Americana de Psiquiatria.
19 Organização Mundial da Saúde.

desculpas por repetir a explicação àqueles que já nos acompanham por mais tempo.

1.1 - Pressupostos da razão diagnóstica por uma psicopatologia não-toda

A hipótese constitui a ideia da psicopatologia não-toda, uma forma de sintetizar três teorias diagnósticas existentes na obra de Jacques Lacan, costumeiramente, lidas de forma segmentada. Nesse sentido, leremos as especificidades de cada teoria, de modo a respeitar os momentos da elaboração lacaniana, entretanto sem as tratar de forma isolada e independente. Assim, o movimento será de comparação, tal como o de um mito que não resolve um problema, mas sim equaciona diferentes respostas de impossibilidade. Desse modo, nessa leitura, temos:

Teoria das Estruturas Clínicas: apresentada nos primeiros seminários lacanianos, entre 1953 e 1958, especificamente, no seminário *O Desejo e sua Interpretação* (1958-59), período de elaboração condensado no texto *Subversão do sujeito e dialética do desejo* (1960), em que se formalizou o *grafo do desejo* e sua dialética no inconsciente freudiano. Essa etapa de produção lacaniana é fundamental, porque foi o primeiro período em que Jacques Lacan relê tanto os casos clínicos, quanto a teoria freudiana a partir do método estrutural.

Em um segundo momento da obra, apresentam-se duas incursões teóricas que avançam quase simultaneamente.

Teoria do Ato Analítico: desenvolvida nos *Seminários XV e XVI* traz interessantes desdobramentos que envolvem a ideia de aposta, de risco e de decisão. Tal leitura tensiona e, até, contradiz, a teoria clássica das estruturas clínicas, esclarecida no primeiro período.

Teoria dos Quatro Discursos: trata-se da elaboração de uma teoria já pensada com o laço social, definida pelos discursos do universitário, do mestre, da histérica e do psicanalista. Há um subproblema de leitura que consiste em investigar se a *teoria dos discursos* seria um complemento da *teoria do ato analítico*. Alguns comentadores defendem a ideia do sim, já que o seminário sobre o ato analítico ficou incompleto, devido à interrupção de Jacques Lacan. Quando ele retornou, formulou a tese dos quatro discursos, em que sugere que o problema do ato analítico se resolve com o discurso do analista. Particularmente, discordo dessa solução, por motivos metodológicos.

3. A *Teoria da Sexuação*: foi desenvolvida no nosso objeto de estudo desde o ano passado, o *Seminário XVIII De um discurso que não fosse do semblante* (1971), especificamente, na aula *De uma função para não se escrever*[20]. Nessa aula, Jacques Lacan, justamente, faz a passagem de uma teoria a outra, por meio da montagem dos lugares no diagrama dos discursos — semblante, outro, produção e verdade — e, no final, introduz as "fórmulas da sexuação". É um período da obra que reflete um trabalho de pesquisa, mas sem grandes ressignificações. Assim, ainda permanece o problema que foca a relação da *teoria da sexuação* com a *teoria das estruturas clínicas*, bem como do relacionamento entre a *teoria da sexuação* e a *teoria dos quatro discursos*. Adiantamos que, no período posterior da obra, deveremos pensar também a relação da *teoria da sexuação* com a próxima tese lacaniana, a *teoria do nó-borromeano*, desenvolvida no *Seminário XXIII: O Sinthoma* (1975-76).

Nessa leitura investigativa, sejamos chatos! Trata-se de um quebra-cabeça em que as peças não se ajustam bem. A cada modelo teórico há ganhos e perdas, além de contradições, por isso, nesse contexto, partimos da hipótese de que a soma das teorias forma um conjunto "não-todo". A noção do "não-todo" acaba por constituir elemento bastante crítico em relação à diagnóstica da totalidade, dos manuais, em que, supostamente, nada escapa. Nesse contexto, com a ampliação descabida do número de categorias diagnósticas, logo, não teremos um só traço de vida que não esteja localizado nessa espécie de língua fundamental do sofrimento humano, que pretende psicopatologizar tudo, em que nada fica de fora, nenhuma forma de falar, de vestir, ou de se relacionar com o próprio corpo. Assim, contra a diagnóstica da totalidade, estamos elaborando a hipótese da diagnóstica da não totalidade, em que se usarão os con-

---

20 Aula de 17 de março de 1971.

ceitos lacanianos do gozo feminino, da não existência da mulher, da não existência da relação sexual.

Na área da saúde mental, o debate costuma avançar muito rápido. Por isso, na tentativa de opor-se ao sistema DSM, surge uma não-clínica, isto é, despontam práticas críticas como a da anti-psiquiatria, da esquizoanálise e várias outras mobilizações clínicas que não se podem deixar de reconhecer. Nesse debate, nossa aposta se embasa na Psicanálise lacaniana, a fim de propor uma razão diagnóstica que seja minimamente crítica. Veremos se funciona.

Retomamos o *Seminário XVIII: De um discurso que não fosse do semblante* (1971).

Vale ressaltar, quanto ao seminário XVIII, que foi um período no qual Jacques Lacan estava se reconhecendo como autor e sua obra passava a ser estudada nas universidades, momento quando, na Bélgica, a primeira tese defendida sobre o ensino lacaniano ocorreu, além disso, a publicação do Escritos, em 1966, fez relativo sucesso. Desse modo, Lacan foi convidado para falar no MIT (Massachusetts Institute of Technology) e em Yale, além de ter sua obra traduzida para o japonês. A ida ao Japão, marcante para a obra de Lacan, representou um marco divisório no seminário, afinal, no retorno do país, Lacan muda os rumos do trabalho. Por isso, o seminário sobre o semblante é diferente, já que inclui inédita discussão de Jacques Lacan com sua própria obra. Ele está perguntando "o que foi que eu fiz?" Com 70 anos de idade, começa a verificar os efeitos mundiais daquilo que produziu até então, contexto no qual escolhe seu trabalho sobre *A Carta Roubada* (1955). O material, reproduzido na íntegra, data de 1956, mas já havia conteúdo nele desde o segundo seminário, em 1954, e se trata de texto sintetizador no qual aparecem a noção de topologia e a leitura que Lacan começa a fazer da *teoria da linguagem*. Além disso, apresentam-se tanto o tema do significante, quanto do sujeito como duas grandes chaves da incorporação de Jacques Lacan de campos externos à Psicanálise. No nosso Seminário XVIII, acompanhamos Jacques Lacan voltar ao tema de *A Carta Roubada* e questionar quem da plateia havia lido seu texto. O resultado é que ninguém levantou a mão e ele ficou bravo. Retomemos a O seminário sobre *A Carta Roubada* (1956).

1.2 *A Carta roubada* e a suspensão do ato

Precisamos voltar ao texto sobre *A Carta Roubada*, visto que Jacques Lacan se refere muito a ela na aula que examinamos, assim, parte-se do interesse em investigar a hipótese de pesquisa, localizando-se, no desenvolvimento sobre *A Carta Roubada*, um aspecto que não é valorizado, o sintoma. Assim, a proposta para hoje é tentar ler *A Carta Roubada* como um texto que nos permite examinar a questão que nos interessa e, como sabemos não tratar de um texto sobre o sintoma, então, forçaremos um pouco as ideias, a fim de avançar nas construções.

A Carta Roubada, texto de Edgar Allan Poe, fundador do gênero romance policial, constitui o ponto de partida da análise de Lacan. Na cena avaliada, a rainha recebe uma carta comprometedora, cujo conteúdo não é revelado ao leitor. Porém, no momento em que a soberana está lendo a carta, entram, em seu gabinete, o ministro e o rei. Como a carta é comprometedora, precisa escondê-la, contudo, na qualidade de uma boa rainha, joga-a em cima da mesa, imaginando que o mais evidente não será percebido. O problema, todavia, é o olhar arguto do ministro. Ele, falando com o rei, tira de seu colete uma carta parecida com aquela e, diante do olhar da rainha, subtrai a que está cima da mesa, substituindo-a pela sua. A rainha nada pode fazer, afinal, se ela esboçar qualquer reação de impedimento, o rei perguntará sobre a carta. Assim, ela assiste ao fato de a carta parar nas mãos do ministro. O que faz o ministro? Ao invés de usar o objeto, percebe que a carta é mais potente como poder de barganha, do que como poder letal, assim, não a usa e deixa a rainha quietinha, pensando, a rainha que não se meta com ele, pois ele tem uma carta na manga. O que faz a rainha? Ela chama a polícia. A polícia vasculha o gabinete do ministro, mas nada encontra; assim, a soberana procura um detetive particular, chamado Dupin, o qual vai até a casa do ministro. Ao chegar, percebe que, em cima da lareira, bem à vista, existe um porta-cartas vagabundo, de cartolina, onde está uma carta avulsa, jogada. Ele nota que aquela é a carta almejada. Assim, o ministro age da mesma forma que a rainha. O que faz Dupin? Ele sai do gabinete, conversa com a polícia, que inventa um incidente no lado de fora da casa. Como Dupin havia esquecido a cigarreira, precisa voltar ao gabinete — na verdade, esquecer foi um pretexto para voltar. Enquanto o ministro sai para olhar o incidente lá fora, Dupin troca a carta por outra, de tal maneira que o político sai de cena achando que ainda tem o falo e que deve usá-lo no momento em que não lhe restar mais nada. Ele vai cair bonito. Dupin, por sua vez, sai da história muito bem e entrega a carta para a polícia, a qual a devolve para a rainha.

Costumeiramente, o gesto mais comentado, ou melhor dizendo, o sintoma mais analisado, é o fato de a rainha jogar a carta em cima da mesa e supor que ninguém vai notar. Entretanto, hoje, escolheremos outro aspecto, outro sintoma. Partiremos da seguinte indagação: por que o ministro não usa a carta? Diante do que ele tem, das posses pelas quais ele lutou, por que ele não usa a carta? Por que ele não se vale da carta? Trata-se de uma suspensão do ato, certo de que o conto consiste em mera ilustração. Poderia ser melhor, como no caso do Homem dos Ratos, que ama Gisela e quer se casar; ele teria dotes para isso, contudo não consegue agir. Também é uma suspensão do ato. O famoso paciente de Freud nunca está preparado o suficiente, portanto, se trata da lógica daquele que tem, mas não usa, ele poderia, entretanto nunca sabe se deve ou não usar. Conhecem essa condição clínica? Esse sintoma — tal como no caso do ministro que poderia ter tido inúmeros devaneios de como pegar a rainha — se ampara num diálogo imaginário, fonte de grande satisfação e prazer no adiamento, uma satisfação condicionada pela hiância, pela suspensão do ato.

Como poderíamos descrever a suspensão do ato? Consideremos o primeiro momento da obra, das estruturas clínicas e do estado que leva o Homem dos Ratos à análise com aquelas manobras e à dívida que precisa pagar, mas não consegue. Esse paciente chega à análise em um estado incomum, já que está em divisão subjetiva, fator raro na neurose obsessiva, diferentemente, da histeria, que apresenta a divisão por excelência. O paciente de Freud está dividido por qual problema? Porque, do outro lado, há um significante mestre que lhe falta, que não se articula ao sujeito, de onde vem a divisão essencialmente marcada pela angústia. Vale ressaltar que nem toda divisão marca-se pela angústia, mas essa, sim. Trata-se de uma espécie de bloqueio, de apagamento entre o sujeito e o significante mestre.

Nesse sentido, voltemos à *Carta Roubada*. A mora da história revela que uma carta chega sempre ao seu destino. Assim, nossa função, como analistas, consiste em entregar a carta ao seu destinatário, já que, na transferência, remetem-se várias cartas a nós, as quais ficam em estado de espera até que voltem ao sujeito. Essa espera, essa detenção recebe, no texto, o nome de *souffrance*, palavra que tem, de um lado, a ressonância com o estado de espera; de outro lado, com o sofrimento. Dessa forma, a divisão significante causa o sofrimento na divisão subjetiva.

$$\boxed{\dfrac{\$}{\text{Angústia}}} \rightarrow S_1$$

Nesse contexto, propomos a releitura do mesmo sintoma à luz da *teoria dos quatro discursos*; no Seminário XVII, encontraremos o "discurso do mestre", em espécie de vaivém ou de alternância com o "discurso da histeria":

$$\underset{\text{Mestre}}{\dfrac{S_1}{\$} \quad \dfrac{S_2}{a}} \rightarrow \underset{\text{Histeria}}{\dfrac{\$}{a} \quad \dfrac{S_1}{\$}}$$

Relendo o sintoma, o Homem dos Ratos procura Freud, a fim de pedir que o médico o ajude a retornar ao funcionamento subjetivo inserido no discurso do mestre. Isso corresponderia a uma passagem do sujeito para baixo da barra e o retorno do significante mestre na posição de agente do discurso. Essa passagem estabiliza uma neurose obsessiva. Por isso, a grande importância que tem o neurótico obsessivo reserva à sua ligação com as instituições. Sigmund Freud dizia que a neurose obsessiva é uma religião particular. Em religião, podemos ler instituição, afinal, trata-se não só de um sistema de crenças, mas de um dispositivo que é a expressão do discurso do mestre. Na instituição, o Homem dos Ratos encontra o discurso do mestre, o problema é que no confronto com o discurso do mestre ele descobre que não quer casar. Isso produz o estado de procrastinação.

Ainda, outra leitura possível seria pensar o sintoma a partir da *teoria da sexuação*. O que falta para decidir? O que falta para usar a carta, no caso do ministro? E o que falta para casar, no caso do Homem dos Ratos?

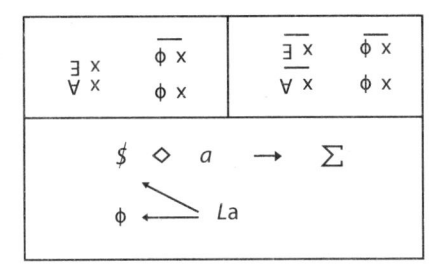

$$\begin{array}{c|c} \exists\ x \quad \overline{\phi\ x} & \overline{\exists\ x} \quad \overline{\phi\ x} \\ \forall\ x \quad \phi\ x & \forall\ x \quad \phi\ x \end{array}$$

$$\$ \diamond a \rightarrow \Sigma$$
$$\phi \longleftarrow La$$

Detenham-se no lado de baixo, que é clinicamente muito interessante. Temos o lado homem e o lado mulher. Abaixo, apresenta-se a posição do sujeito e do *objeto a*, por isso, a leitura clínica de que a mulher, para o homem, consiste no sintoma — imaginando que sintoma e fantasia compõem um sistema de circulação. O adiamento do ato poderia ser lido na seguinte chave: o sujeito neurótico obsessivo adia o uso da carta, porque isso significaria agir na fantasia. Entretanto, agir nela, é sempre decepcionante, visto que o ato, em si, fica sempre aquém do que se imagina.

Nessa leitura, o adiamento constitui uma forma de proteger a fantasia, de mantê-la funcionando, o que vale somente para um lado da fórmula; mas há, também, o lado da rainha que fica incomodada pelo fato de o ministro não usar a carta. A rainha questiona-se os motivos pelos quais ele não usa a carta. "Decida! Vai ou não vai? Libera-me disso! Casa ou compra a bicicleta." Nesse sentido, a mulher teria uma relação nítida com a posição do homem, já que, por um lado, não é o objeto, mas sim o falo que ela vislumbra ter. A rainha ou a Gisela diz: "esse homem tem o falo, mas ele não usa. Essa leitura enriquece a posição do outro lado, porém conduz a mulher a uma posição que não faz gozo. De um lado, quanto mais demorar, melhor, pois, nisso, fantasias mais complexas engendram-se. Entretanto, clinicamente, observa-se o quadro caminhar para a devastação, já que se conforma em posição masoquista de estar diante do gafanhoto gigante que vai devorá-la, mas também postura vívida, porque, de um lado, existe o falo, de outro lado, o significante da falta no outro. Nesse sentido, o gozo feminino consiste em um "bi-gozo", por se tratar de um gozo fálico, mas também gozo não-todo. Em jogo, no gozo não-todo, encontra-se o significante da falta no outro, versão presente no grafo do desejo, mas que, nesse seminário, foi renomeada. Assim, o significante da falta no outro passa a ter o estatuto de "letra". Aí está a mutação teórica. Até então, a "letra" tinha dois estatutos: de carta e de letra. Carta roubada? Letra roubada? Roubada não é uma boa tradução para *purloined*, palavra que conserva mais o caráter de desvio, em mesma acepção do "desviou de dinheiro". Desse modo, usar a tradução "desviada" seria mais adequado à lógica da situação, ou seja, o fato de o ministro gozar com aquilo que era do outro, que desviou e agora está com ele.

Em termos teóricos, começa a aparecer uma distinção entre a letra-carta e a letra-letra, contemporânea à feita entre letra e significante que, por sua vez, já tinha sido, genericamente, realizada no *Seminário IX: A Identificação* (1961-62). No momento, a discriminação vinha sendo praticada desde a origem, quando se afirmava que o significante nascia do apagamento da letra. Esta é uma hipótese sobre a origem do significante, entretanto, aqui no texto sobre a carta, Jacques Lacan está dizendo que a letra talvez fosse um conceito interessante para ler o significante da falta no outro.

Plateia: (...) Isso tem uma relação com a perversão?
Christian Dunker: No caso da perversão, a retenção do falo relaciona-se com o identificar-se com o autor da lei. O sujeito faz a lei. Já no caso da neurose obsessiva, não, a lei continua a ser do outro, mas ele goza com ela.

Plateia: Foi opção sua ter colocado o significante do lado homem?
Christian Dunker: Sim, foi colocado para efeito de visualização no momento. No *Seminário XX: Mais, ainda* (1972-73), porém, está do lado da mulher.

Nesse panorama, ambos os andares já tinham sido equalizados em matema usado muito por Jacques Lacan no final do *seminário, O do Neurótico Obsessivo*. No *Seminário V* (1957-58), também aparece.

$$A = \phi\ (a_1,\ a_2,\ a_3,\ \_\_\_\_,\ a_n)$$

Clinicamente, a suspensão ou o adiamento do ato relaciona-se com o deslocamento dos objetos, com a metonímia dos objetos. Trata-se daquela famosa pergunta de Nelson Rodrigues: "Mas e se tivesse uma melhor"? Neste conto, um homem e uma mulher se amam, mas ele afirma que não pode casar, pois nunca saberá se ela irá traí-lo. Ela responde que não irá traí-lo jamais, pois ela o amo. Contudo, ele questiona a validade da promessa para daqui vinte anos. Ela reafirma que será para sempre, mas ele devolve a pergunta: "Como eu posso ter certeza"? Com isso, ela desespera-se, diz que assina um contrato com o juramento. Nesse contexto, ele não contava com a solução que ela definiu para o impasse: se enforcar com o vestido de noiva e escrever, com o próprio sangue, "só as mortas não traem". Qual é o recado? É para sempre? Então, a promessa, para ele, fica escrita com o sangue dela. Essa é a relação de adiamento baseada no deslocamento de objeto. O desfecho trágico é, na verdade, para onde pode levar a fantasia do neurótico obsessivo, que vai longe demais até destruir o objeto.

Há também uma relação de adiamento baseada no falo. Em uma inversão de perspectiva, a pergunta não é sobre a possibilidade de ela o trair, mas sim sobre a capacidade de ele sustentar a relação. O neurótico obsessivo foca na eterna pergunta "e se eu não tiver condições?", porque, em sua lógica, no momento presente, ele possui um emprego, uma carreira, porém se questiona sobre a segurança dessa vida. E se eu não puder sustentar? E se (...) e se (...). Frequentemente, o obsessivo conclui que não pode assumir nada, enquanto não chegar a garantia de que ele terá para sempre o falo no bolso. Ele adia tudo.

Em resumo, até aqui, apresentamos uma leitura diagonal do sintoma ao longo de três modelos da teoria lacaniana. O problema teórico, de fato, começa quando, no final da sessão anterior, Jacques Lacan questiona quem era o narrador da história. O narrador é aquele que escreve? Formulem-se essa pergunta lendo Marcel Proust, já que a questão do narrador consiste em ajuste de contas desse capítulo. Quando Jacques Lacan tornou-se um autor, começou a receber críticas veementes, já que, muitas pessoas não gostaram do que compraram para ler. Quando escreveu *A função da verdade*[21], em 1978, Jacques Derrida afirmou que Lacan era muito bom, porém que, no seminário

---

21 Derrida, J. (1978). *La verité en peinture*. Paris: Éditions Flammarion.

sobre *A Carta Roubada*, ele teria cometido erro grave em crítica literária, visto que ignorado o problema do narrador. De fato, as duas cenas que apresentei a vocês — uma no gabinete do rei e a outra no gabinete do ministro — são contadas por narradores diferentes. O primeiro, é o chefe de polícia, o segundo, o detetive, Dupin. Nesse panorama, Derrida mostra que há um jogo na dinâmica do conto: estaria a polícia falando apenas do seu ponto de vista? Estaria representando mesmo com o que estava em jogo para a rainha? A polícia ouviu da rainha e transmitiu ao Dupin. Por sua vez, Dupin está falando com quem? O seminário lacaniano sobre o conto não levou nada disso em consideração. A quem o discurso de Dupin se dirige?

Quando Jaques Lacan aplicou a leitura estrutural ao conto, ignorou o fato do narrador, por isso, sabe que a crítica foi contundente, tanto que questionou se o narrador era aquele quem escrevia, na sessão anterior. Nesse contexto, Marcel Proust e James Joyce perguntam sobre a localização do narrador. Porém, no exemplo apresentado, ao ler os textos, não é possível saber de onde está vindo a voz do narrador e, portanto, não conseguimos nos localizar como destinatários da narrativa.

Nessa direção, avançaremos a uma discussão realizada em momento diverso. Entre o *Outro* e o outro, deve existir um lugar intermediário, nem anônimo, nem impessoal, a linguagem, o lugar em que o sujeito recebe sua própria mensagem invertida, o discurso do inconsciente. O *Outro* não é o vizinho de porta. Essa distinção parece banal, mas consiste em grande avanço para a clínica que nos ensina a tratar os efeitos imaginários da transferência, a devolver as cartas a partir do lugar do *Outro* e não do outro. No contexto da teoria dos discursos esse panorama da *teoria dos discursos*, no entanto, quando Jacques Lacan nomeia um dos lugares de "outro" ele está se referindo a *outro* como "A" ou outro como "outro"? Nos últimos semestres, chegamos, juntos, à conclusão de que se refere a nenhum deles, já que há um terceiro uso para a noção de "outro", o qual se supõe a partir da *teoria dos discursos*.

Nesse sentido, para facilitar seu uso, propusemos chamar, aquele terceiro uso, de Outrem, que constitui noção mais ilustrativa, mais representativa. Para entender, devemos perguntar "qual seria o par do Outro?" Seria o sujeito do inconsciente, o sujeito dividido. Poderia, também, ser o "eu", insistência narcísica imaginária. Nesse contexto, a nossa hipótese consiste no Outrem como representante do destinatário da carta. Na crítica de Jacques Derrida faltava um lugar para o narrador. Então, sugerimos que o Outrem seria o destinatário da carta, entendendo-a como uma narrativa. Alguém poderia dizer: — mas a carta não seria endereçada ao A? Mas, qual é o endereço do A? Como não sabemos as respostas, Outrem surge como noção intermediária entre o A e o outro.

Nesse panorama, imaginemos: um emissário escreve uma carta para Débora, mas não apenas a ela, já que, no trajeto da carta, ela será lida por precisar de um envelope. Nessa direção, existe o significante, visto que, necessariamente, a carta precisa de um envelope, mesmo que seja um cartão postal, ela possui uma materialidade diferente do significante. Nesse ponto de nosso exame, vou perturbar a leitura comum de *A Carta Roubada*. O objeto que a rainha recebe compreende uma carta X, pura, definida pelo seu conteúdo, pelo seu valor fálico. A que o ministro esconde é a mesma carta? Do ponto de vista da estrutura, sim, ocupa o mesmo espaço, entretanto, para escondê-la, ele faz uma trapaça, já que vira o envelope, algo que, segundo Ricardo Goldenberg, era possível com os envelopes da Inglaterra do século XIX, os quais podiam ser revirados, de tal forma, que o que estava escrito de um lado, fica do outro, com uma aparência semelhante.

Nesse contexto, tem-se o envelope revirado — e isso está dito por Edgar Allan Poe — porém, pensando na carta, ela consiste na mesma recebida pela rainha? Sim, é a mesma, entretanto uma carta com o envelope revirado, naquela operação topológica, seria realmente igual à recebida pela rainha? Acho que não. Há alguma mudança e é nela que se infiltra a noção de letra.

Plateia: Tem a questão da materialidade, mas também da função que é completamente diferente para os personagens. É uma função estrutural?
Christian Dunker: A função estrutural está nos quatro lugares: rainha, rei, ministro e carta.
Representação da função estrutural

```
┌─────────────────────────────┐
│   Rainha ──────── Rei       │
│     │              │        │
│   Ministro ────── Carta     │
└─────────────────────────────┘
```

Depois, os quatro lugares estruturais ocupam-se de outros personagens. O lugar da rainha, que acha que ninguém percebe, vira o do ministro, o qual também pensa que passa desapercebido, mas, na verdade, quem não percebe é ele. Na primeira cena, o rei olha, mas nada vê, já que o seu jogo é outro, conforme afirmou Lacan. Na segunda cena, quem ocupa o lugar do cego é a polícia, já que não encontra a carta, em virtude de estar focada no objeto, não na estrutura da situação.

Plateia: (...)[22]
Christian Dunker: A ideia de que o falo tem funções diferenciais permite organizar as relações entre pessoas que ocupam, sucessivamente, os lugares na estrutura ficcional do sujeito. O truque do ministro na primeira e segunda cenas, vira o artifício de Dupin. Assim como o ministro conseguiu ler o conjunto da situação e usar a carta como função de barganha, o detetive faz o mesmo, em uma variante.

Nesse panorama, o problema não consistem nas diferentes funções, mas sim que a carta sofre alterações em sua materialidade. No final da circulação, a carta está amassada, suja, contudo isso não deveria mudar em nada o seu valor estrutural. Tal como no xadrez, onde o jogador pode usar um cavalo de ouro, de papel ou imaginário, tanto faz. Tanto faz para quem? Para a estrutura, no entanto, para a narrativa, talvez, não.

Plateia: Em outras palavras, em cada um desses modelos, Jacques Lacan propõe uma maneira de ver a clínica. Você está querendo mostrar o que os modelos leem e o que não leem?
Christian Dunker: Sim. *That´s it!* Em 1956, o fato de a carta ter sido alterada em sua materialidade não era importante, pois, na ocasião, o que Jacques Lacan queria mostrar era que a estrutura da situação se mantinha a mesma e isso tem enorme utilidade para a clínica. O problema posterior constitui, entretanto, o fato de a carta compreender um significante fálico, bem como uma letra.

Duas passagens de *A Carta Roubada* nos interessam aqui. A primeira passagem trata-se do momento quando Lacan afirma que o primeiro olhar consiste naquele que nada vê, portanto, os lugares do rei e da polícia. O segundo, é aquele que vê o primeiro olhar, o

---
22 O gravador não alcançou a intervenção.

qual se engana por ver encoberto aquilo que oculta, assim, o lugar da rainha e do ministro. O terceiro olhar, refere-se àquele que vê os dois olhares que deixam descoberto o que há para esconder, portanto, na narrativa, os postos do ministro e de Dupin. Desse modo, compreendem-se três posições. O segundo se acredita investido de invisibilidade pelo fato de o primeiro, o rei, ter a cabeça enfiada na areia, sem se dar conta de que, quem está sendo depenado, é ele, ou seja, enquanto o sujeito fascina-se pelo engano do outro, é aquele quem está sendo depenado. Essa é a política do neurótico, do *autriche*, termo composto de neologismo advindo de avestruz, mas também de *autri*. Achamos o Outrem que faltava na *teoria dos discursos*! Jacques Lacan utiliza-o em *Carta Roubada*.

A segunda passagem, em 1956, consiste na cena do incidente. Aproveitando-se do incidente preparado para atrair o ministro à janela, Dupin apodera-se da carta, substituindo-a por um simulacro. De novo a pergunta: a carta, que é um similar, constitui a mesma? Não, agora é toda outra, inclusive, o conteúdo dela mudou. Que palavra Jacques Lacan usa para similar? Semblante. É o mesmo termo que ele, posteriormente, irá alocar para definir uma posição do discurso. O semblante é a aparência posta como aparência, ele define o discurso como um determinante do discurso, é o simular mostrado como simulacro — termo que foi introduzido no *Seminário XVIII*, mas que já constava na *Carta Roubada* (1955).

Façamos um parêntese para retomar a crítica de Jacques Derrida na versão de René Major. O que é um psicanalista? Sobre o problema do narrador em *A Carta Roubada*, se diz que o deciframento analítico precisaria, em primeiro lugar, de uma cláusula de exclusão neutralizante do narrado, que não poderia deixar de ser acompanhada, como vimos, pelo paradoxo de identificação de um dos protagonistas do relato. Essa ideia apresenta-se no livro *Lacan com Derrida*[23]. O analista toma as cartas do analisante para devolver a seus destinatários, todavia, como ele toma essa atitude, excluindo a função do narrador? Um truque. O deciframento analítico precisaria, portanto, em primeiro lugar, de uma cláusula de exclusão neutralizante do narrador, o que já conhecemos e, por isso, a pergunta: quem somos nós nessa história? O Dupin? Será? Seria tão simples, assim? O Dupin está em um lugar

---

23 Major, R. (2002). *Lacan com Derrida*. Rio de Janeiro: Civilização Brasileira.

privilegiado da narração e isso costuma terminar mal. No primeiro passo, está excluído, mas, no segundo, ele entra como aquele que vai devolver o falo. Ocorre que, até então, quem tinha a posse do falo, saiu de cena. O que ocorre com quem fica com o falo e não o usa? O resultado são efeitos de feminilização, de ódio, de impotência, ora, despontam sintomas. Sintomas de suspensão do ato. Nessa discussão, Jacques Lacan dirá que o ato é complicado e que o analista tem horror ao ato, aliás, que ninguém quer saber do ato. Sim, ele está certo, pois uma teoria clínica derivada de *A Carta Roubada* (1955), torna o ato problemático, a partir o lugar do Dupin. Na camisa de força da leitura da clínica estrutural, o detetive não deve agir, ele precisa entregar a carta para os outros. O detetive está fora, é a exclusão do narrador.

Plateia: (...)[24]
Christian Dunker: Isso ocorre, na leitura de Jacques Lacan, posto que ele não distingue que, na primeira cena, o narrador funciona como testemunha, já, na segunda, como destinatário. Jacques Lacan tenta o truque de fazer passar o Outrem pelo outro. Esse problema é importante para nosso comentário de hoje. Observem que intitulei a nossa aula de hoje de "Patologias da Narrativa e o Tratamento Discursivo da Sexuação". Narrar consiste em um problema de nossa época. Aparentemente, os analisantes de Lacan ou de Freud tinham pouca dificuldade de narrar, entretanto, hoje, temos quadros novos que mostram um déficit narrativo. O analista pede ao paciente que ele conte sua história de vida e tudo que recebe como resposta é: "sou dono de uma padaria". O analista insiste, pergunta, mas o paciente não tem mais nada a dizer. Está aí uma experiência que Walter Benjamim tentou circunscrever, no seu famoso texto *O narrador*[25], como uma mutação estranha de nossa época. Até então, todos iam para a guerra e voltavam com uma grande história. Mas, aqueles que voltaram da Primeira Guerra, estavam em silêncio, cabisbaixos e contavam: "havia uma metralhadora". A partir da impossibilidade de narrar, Benjamin identificou um bloqueio da experiência daqueles que foram à guerra.

---

24 Gravador não alcançou a intervenção.
25 Benjamin, W (1994). O narrador: considerações sobre a obra de Nikolai Leskov. In: Walter Benjamin Obras Escolhidas (I): *Magia e Técnica, Arte e Política*. Rio de Janeiro: Editora Brasiliense.

Narrar não é relatar, não é descrever, há um universo de problemas discursivos e linguísticos em torno da narrativa. Na atualidade, por exemplo, no Japão, há jovens e crianças que decidem que não vão falar mais. Em determinado momento convocam-nas a falar, elas querem falar, mas não conseguem mais, então, escrevem no computador. Não é psicose, não é uma catatonia, aquelas crianças fazem laço social, no entanto não narram. Não entraremos nesse tipo específico de sintoma, mas fato é que o tema chegou à Psicanálise.

Um psicanalista chamado Antonino Ferro[26], um dos mestres da tradição bioniana, alguém cuja leitura eu recomendo vivamente, trabalha com o tema da narrativa. O autor parte da constatação de que nossos pacientes possuem um problema de narração. Entretanto, para ele, a cura não equivale à reconstrução de uma narrativa, tal como supunha Freud. Ferro afirma que, construir uma narrativa, significa adotar o risco de fixar o sujeito nela. Nessa perspectiva, o sujeito curado seria aquele capaz de contar sua história de muitas versões diferentes. Essa proposta é ótima, mas deve incluir o fato de que, para ocorrer, é preciso reposicionar o Outro. Antonino Ferro (2005) afirma que uma análise pode terminar quando for introjetada a capacidade de tecer, em emoções e em pensamentos, o que vem de todo o tipo de experiências, com nosso corpo, com os outros e com a vida. Isso corresponde a encontrar soluções no sentido mais estreito do termo, corresponde a dissolver o drama invisível em narrações possíveis. Observem, nessa proposta, as narrações possíveis entram como noção de fim de análise, essa é a ideia de cura para ele.

Plateia: (...)[27].
Christian Dunker: Lembro-me de uma pessoa que fazia uma tese sobre o quadro "As Meninas", de Velásquez, que está no Museu do Prado. A pessoa falava sobre as meninas, o rei, a função da representação, articulava Michel Foucault com Jacques Lacan, tudo ia bem, mas ela não estava trazendo nada de, até que alguém sugeriu que ela contasse a história do ponto de vista do cachorro. No quadro, tudo acontece, mas, no canto, há um cachorro dormindo. A partir

---
26 Ferro, A. (2005). *Fatores da doença, fatores da cura*. Rio de Janeiro: Imago.
27 Gravador não alcançou a intervenção.

disso, a tese se desenvolve. Acontece que, para efetuar o giro e contar a história do ponto de vista do cachorro, é preciso fazer semblante de cachorro. Nada fácil.

Como estamos atrasados, não concluirei aquilo que havia projetado para hoje, mas deixarei anunciado.

1.3-*Segredo dos teus olhos* e a distinção entre Letra e significante

E, se pudéssemos contar *A Carta Roubada* nos dias de hoje e reescrevê-la de forma que fosse respeitada a diferença que faltou, aquela criticada por Jacques Derrida e René Major? Poderíamos ter a carta na mão e imaginar a mesma leitura do sintoma ou do ato. Isso já está feito no cinema, recomendo que todos confiram o filme *O Segredo dos teus Olhos*[28]. O filme é genial, é *A Carta Roubada* com a distinção entre letra e significante. Resumo a história brevemente a vocês. Trata-se de um detetive que está apaixonado pela sua chefe, mas, toda vez que ele vai dizer a ela seus sentimentos, acontece alguma coisa. A vida dele se passa situada entre 1974 e 2001. São duas cenas. Gabinete com rainha e gabinete do ministro com Dupin. Em 1974, ele, Benjamin Sposa, se apaixona por ela, Irene. A investigação de um crime atravessa a vida deles. Uma belíssima mulher que foi assassinada pelo Sr. G e o detetive Benjamim decide investigar. A princípio, ele não queria o caso, mas quando vê o corpo dela caído, quando vê o olhar dela, ele decide que vai entrar no caso. No decorrer dos acontecimentos, perguntamos o que ele teria visto ali? Certo que a vida dele podia acabar no mesmo vazio daquela mulher, aquele olhar era o que a mulher teve para ele no primeiro encontro e que, ele, de forma imbecil, ficou sem reação. Sem falar nada e um dia morrerá preso a este olhar. Ele passa a vida nesse estado de quase, sempre quase se declara para ela. Já aposentado, resolve escrever um romance policial que conta a história do crime, do assassinato. Quando toma a decisão de fazer o romance, tem um sonho. Na noite turbulenta, entre sono e vigília, escreve em um papel: T E M O. Ele acorda, olha para o papel e se pergunta o que aquela palavra

---

28 Filme: *O segredo dos seus olhos*. Direção: Juan José Campanella, Buenos Aires, 2009.

queria dizer. Irene leu o romance, quando está no meio da leitura, encontra o bilhete e pergunta para ele: O que quer dizer T E M O? Ele responde que também quisera saber. Como vamos ler? Trata-se do nome do sintoma, a nomeação: T E M O. "Eu temo dizer algo" — seria a posição do protagonista. Quando o detetive inicia a escrita de seu romance, mostra os garranchos dele, escritos à mão, para Irene. Ela devolve o material dizendo que não conseguirá ler a caligrafia e sugere que ele use uma máquina de escrever. A máquina de escrever entra na história. É uma máquina velha, muito própria do sintoma do obsessivo, pois, nela, falta uma letra. Falta a letra "A", que era a mais usada. Ele inicia o trabalho, mas precisa ir preenchendo à mão as lacunas onde faltam a letra "A".

A máquina tem toda uma história, que é o ponto a mais, ponto necessário, porque manca. Duas histórias seguem simultaneamente. Ele começa a contar uma história e, ao mesmo tempo, tem outra história que cruza. O cruzamento marca os efeitos da escrita do romance na relação dele com Irene.

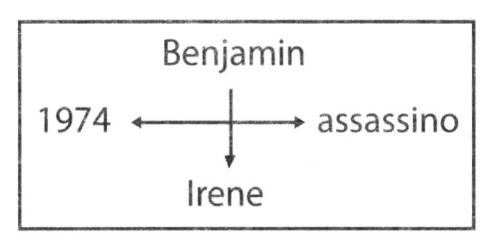

```
           Benjamin
             |
1974 ←———————+———————→ assassino
             ↓
           Irene
```

Logo percebemos que a investigação do crime insolúvel remete à relação dele com o próprio desejo. Ele descobre que o tal Sr. G (Gomes), o assassino, escreveu cartas para a mãe. Nas cartas constavam vários nomes, mas nenhum deles conhecido na trama. Como são muito nomes, sem relação com a família ou com os amigos, o crime fica sem solução até que, Sandoval, um ajudante na investigação, lê as cartas do assassino e devolve ao detetive a mensagem invertida que ele precisava ouvir: "um homem pode mudar de tudo, pode mudar de nome, de cidade, pode se esconder, mas nunca consegue abandonar a sua paixão". Nesse momento, pensamos que, finalmente, ele vai se declarar, entretanto, o que se desenrola, é a descoberta da paixão do assassino por um time de futebol. Todos os nomes escritos nas cartas eram de jogadores. A partir disso, o assassino é preso em um estádio de futebol. O fato é que a carta gira, circula, chega a seu destinatário e, na conclusão magistral do filme — que não tem no conto *A Carta Roubada* —, o detetive tem um *insight* e entende o sentido do bilhete. Ocorre que, nesse caso, o não entendimento não implica apenas uma operação de leitura, implica, também, uma operação de escrita, afinal, o que falta na mensagem ele precisa acrescentar com o ato dele, ele precisa escrever à mão a letra "A" para acessar o sentido: T E A M O. Isso faz com que não só a carta chegue a seu destinatário, mas também opera com o fato de que foi reescrita por meio de um ato que incluiu na função significante um valor adicional de letra.

São Paulo, 25 de março de 2010
Instituto de Psicologia - USP

2 - A FUNÇÃO DA LÍNGUA E DA LITERATURA ORIENTAL NA OBRA DE LACAN

Vamos falar da presença das línguas e da literatura oriental na obra de Jacques Lacan. Teremos dois encontros destinados a comentar esse aspecto na obra, dentro do contexto da nossa hipótese. O capítulo VII chamado *Lição sobre Lituraterra* consiste em um dos momentos mais importantes e mais comentados da reta final do ensino lacaniano. Ele é comentado tanto pelas novidades conceituais que invoca, quanto pela tentativa de reunir a essência do texto, ou seja, a literatura. Desse modo, Lacan tenta ampliar o que apresenta, de forma a tornar a explanação, também, uma apresentação literária. São duas aulas e, hoje, nós vamos trabalhar o texto orientados por uma pergunta genérica: o que Lacan viu nos chineses? O que ele viu no oriente? Não é novidade que, no *Seminário I: Os Escritos técnicos de Freud* (1953-54), há uma passagem — ela está na contracapa da edição em português — em que Lacan aproxima a função do analista do mestre zen, justamente, para designar o início ou o fim do encontro. Ele pode fazer isso de diversas maneiras, inclusive, pode fazer isso por gestos, não somente, por palavras.

2.1 - A psicanálise, o oriente e nós, os modernos.

No *Seminário IX: A identificação* (1961-62) já apareceram referências sobre a escrita chinesa. Por exemplo, no final do texto *Função e campo da fala e da linguagem* (1953), há uma bonita alegoria extraída da literatura indiana; no *Seminário XIXa: O saber do psicanalista* (1971-72) apresentam-se, também, incursões longas usando o chinês. Nesse contexto, pode-se afirmar que a primeira tentativa de situar nosso problema no oriente se deriva de duas excursões de Jacques Lacan. A primeira delas focou na filosofia chinesa, especialmente, no autor Mêncio, muito citado durante o ensino lacaniano.

Uma ótima introdução ao pensamento de Mêncio encontra-se em François Jullien (2001), um autor genial cuja leitura recomendo vivamente. Seu livro *Fundar a moral*[29] trata-se de um diálogo imaginário entre um filósofo iluminista e Mêncio, uma forma original de apresentar o pensamento deste autor dentro do contexto chinês. Um autor que representaria as aspirações de reestruturação do pensamento taoísta e apresentaria certa crítica em relação ao confucionismo, ou seja, em termos chineses, um autor moderno. Uma coisa é transmitir conceitos, outra, falar da prática que, aliás, não é o ponto forte de Jacques Lacan, seu ensino não fala com abundância da prática. É claro que há os textos clássicos, por exemplo, *Variantes da cura padrão* (1953) ou *O aturdito* (1972), apesar disso, consistem em leituras, razoavelmente, delimitadas justamente, por haver, em Lacan, uma crítica ao que, na Psicanálise não lacaniana, se chama *teoria da técnica*. Há também poucos textos freudianos destinados a comentar exclusivamente a técnica, dentre eles, os famosos textos do *Volume XII da Edição Imago*, aliás, textos pelos quais o próprio Jacques Lacan iniciou seu ensino. Ele estava muito insatisfeito, devido ao modo como os psicanalistas falavam da prática, ou seja, reduzindo a prática à técnica esquecendo que aquela é fundamentalmente ética, que não se traduz em uma técnica aplicável, mas sim, em uma *práxis* que nos coloca perto da ética e da política. Transmitir a prática da Psicanálise equivaleria à transmissão de uma ética e de uma política. Por isso, não se deve confundir com a transmissão dos valores ou dos princípios de uma determinada política, nem tampouco com o tipo de saber que está se transmitindo. A crítica de Jacques Lacan à técnica psicanalítica remete à posição que ela ocupa na nossa civilização. Nessa postura opositora, ele se perguntou se a Psicanálise entraria no mundo da técnica, se, simplesmente, colaboraria com a tendência da vida administrada, guiando-se pela vida em forma de eficácia. Há sérias resistências de Jacques Lacan em relação a isso, acusando pontos pelos quais a Psicanálise estaria se transformando em uma adaptação, em um ajustamento, em uma psicologia do eu. Nesse argumento, Lacan recebeu o apoio de Martin Heidegger, de Theodor Adorno e de Michel Foucault, ou seja, daque-

---

29 Jullien, F. (2001). *Fundar a moral: diálogo de Mêncio como um filósofo das luzes.* São Paulo: Discurso.

les que tentaram fazer a crítica do "mundo da técnica". Entretanto esse apoio não resolveu o problema teórico relacionado à discussão sobre a prática — esse problema nem Adorno, nem Foucault teriam. Como fazer a prática passar de uma geração para outra?

Estou fazendo esse parêntese, pois, justamente, François Jullien tem outro livro, o *Tratado da eficácia*[30] — ele deu uma entrevista para a *Revista Cult*[31] recentemente. Nesse trabalho sobre a eficácia, compara a *teoria da guerra* entre as visões ocidental e oriental. A guerra trata-se de uma atitude. O conceito de guerra, o estudo da geografia, do campo, dos armamentos é diferente da "atividade guerra". A guerra ocorre em ato. O livro nos ajuda a entender por que Jacques Lacan é tão refratário a falar da prática. O autor aborda Aristóteles, Maquiavel, revelando que o discurso sobre a guerra vem de longa data. Jullien (1998) propõe que o Ocidente pensa a guerra como uma geometria, lógica que serve para pensar a ocupação de um terreno, como se ganha o terreno, como cercá-lo, enfim, a chave seria o questionamento sobre quais os melhores meios para alcançar os fins.

Já para o Oriente, a *teoria da guerra* é completamente distinta, a começar pelo fato de que há uma ausência de geometria, há, inclusive, o contrário da geometria baseado no argumento de que a natureza não tem linhas retas — argumento que também aparece no capítulo que examinaremos hoje. A natureza é sempre curva, rugosa, ou seja, não tem retas, a reta seria uma abstração. Para o pensamento do oriente, a geometria das batalhas é suspeita, já que uma guerra não deve ser pensada geometricamente, mas sim, como um problema relativo ao tempo. Nesse cenário, verifica-se uma tese temporal na qual o menor ato possível deve trazer a maior quantidade de efeitos. Nesse sentido, o pensamento de guerra chinês está próximo da reflexão da medicina hipocrática, ou seja, existe um ciclo e, se o sujeito agir no momento preciso, todo o processo se transforma. No entanto como saber o momento de agir? Observem que essa ideia ressoa com o ato analítico, o manejo da transferência é o manejo do tempo.

Reencontramos, nesse campo, a crítica da transferência e sua interpretação exata ou inexata, ou seja, existe, aí, toda uma forma de

---

30 Jullien, F. (1998/2002). *Tratado da eficácia*. São Paulo: Editora 34.
31 *Revista Cult*. Edição 141. São Paulo: Bregantini, 29 de março de 2010.

pensar que varia e Jacques Lacan encontrava-se, totalmente, influenciado pelo pensamento oriental, por isso, o uso de tantas analogias, de tantas imagens. Seus ouvintes queriam saber da *praxis*, mas Lacan falava de imagens, das palavras que possuem todos os poderes e a verdade. Tudo isso parece um monte de entulho no caminho, pois Lacan não dizia exatamente o que queria. Seria até possível argumentar que se trata de um recurso retórico, entretanto podemos igualmente supor que há algo de essencial naquela maneira alegórica de transmitir o saber. A partir disso, farei algumas colocações.

Nesse cenário, há, portanto, na obra, uma primeira função do Oriente que é facultar certo discurso sobre a prática. A segunda presença do pensamento oriental no ensino lacaniano diz respeito à escrita chinesa. A escrita chinesa e a escrita japonesa diferem da nossa e isso precisa ser pensado. Justamente por ser um sistema de escrita diverso do nosso, pode ser usado para pensar o nosso. Por consistir em um sistema mais amplo, eventualmente, pode iluminar algum aspecto que não conseguimos ver em nosso próprio sistema que é, essencialmente, glossolálico. Isto é, os sons se articulam com os fonemas que, por sua vez, se articulam com a escrita — lemos "pê" e escrevemos "pê" — mas, em chinês, não se lê como se escreve. Para resumir, encontramos as três entradas, listadas a seguir, no pensamento oriental:

1ª - Mencio e a filosofia da prática.
2ª - O tema da escrita.
3ª - A civilização, a modernidade.

Jacques Lacan estava ocupado em pensar o significado do lugar da Psicanálise e do lugar de nós (os modernos) no mundo contemporâneo. O Oriente sempre foi uma espécie de espelho a partir do qual o Ocidente pôde pensar sobre si próprio. Tudo se passa como se, em uma viagem, o sujeito fosse até o outro lado e, de lá, enxergasse aquilo que o outro não poderia ter percebido estando. Em um texto fundamental para a filosofia política *As Cartas Persas*[32], Montesquieu tenta justificar o porquê da divisão entre Legislativo, Executivo, Judiciário e a razão de ser desse sistema político. Por qual motivo é essa a natureza do Estado e não outra? A resposta é porque nós não somos

---

32 Mostesquieu, C. L. (1721/2009). *As Cartas Persas*. São Paulo: Martins Fontes.

déspotas. Quem são os déspotas? São os orientais. A figura do sultão, as figuras do Oriente estão ligadas ao despotismo. O Ocidente se separou do despotismo para criar a democracia, portanto, a própria ideia de democracia baseia-se em uma oposição ao déspota.

Um segundo exemplo do momento em que o Ocidente precisou olhar para a fora, encontramos, justamente, em um dos filósofos considerado um dos precursores da Psicanálise. Quem veio antes de Sigmund Freud? Foi Friedrich Nietzsche e seu grande inspirador, Arthur Schopenhauer, um dos primeiros a pensar a filosofia oriental. O contexto em que Nietzsche trabalhou afirmava que o ser humano estaria fadado a uma triste condição, por dotar-se de uma vontade, que só se exprime na forma de representações, as quais jamais darão conta de inscrever a vontade toda. Portanto, o sujeito não consegue se livrar dessa condição e, o fracasso da possibilidade de representar, se exprime em uma espécie de situação inevitável, que é a angústia. Por que sofremos? Nesse panorama, sofremos por conta de nossa mania de querer representar, de querer geometrizar, trata-se de uma mania insaciável de colocar em palavras, de transformar a vontade em palavras. Há um fracasso ao tentar transformar a vontade em palavras e isso conduz a uma espécie de deformação sem volta da vontade.

Nesse campo, reencontramos o conceito em torno do desejo, o próprio conceito de *Vorstellung* freudiano. A lógica é mais vontade, mais representação, mais vontade, mais representação e, então, angústia. O fracasso disso tudo leva o homem a sua condição trágica. Precisaríamos superar essa compulsão representativa. Como podemos fazer isso? Temos duas estratégias: a primeira estratégia é a música, a música clássica é não representacional, ela é uma maneira de termos acesso a uma experiência que não está totalmente diluída na representação. A segunda forma de escapar à representação seria reconhecer que isso já foi pensado no Oriente, pelo budismo e pelo o taoísmo. Estas práticas perceberam algo a mais, por isso se oferecem à Schopenhauer como uma espécie de antídoto para o problema de fundamento de nossa razão, o problema do excesso de representação. Tudo isso está na cultura bem antes de Jacques Lacan.

Agora, avançaremos para um capítulo mais fechado, sobre os anos de formação acadêmica. Jacques Lacan nasceu em 1901, em

1932 formou-se em medicina com sua famosa tese sobre a *As psicoses paranoicas e suas relações com a realidade* (1932). A França, em 1932, estava entrando em uma espécie de colapso de seu sistema colonial, era o início do colapso, o qual terminou com o fim da guerra da Argélia. A França tinha expandido colônias por toda África, Oceania e havia uma espécie de joia da coroa, que para os ingleses era a Índia, mas para os franceses era a Indochina. A Indochina se rebela, entra em guerra, ofende os franceses e ganha. Isso soou como um fato bem inusitado, originando o pensamento de que se uma foi perdida, então, a próxima também pode ser. Tudo isso levou os intelectuais franceses a começar a se pensar a partir dos opostos, dos seus outros e não mais apenas desde si mesmos. Um desses outros foi o Oriente. O Oriente tornou-se um outro e não mais um duplo, o que se possibilitou pelo fato de que esse outro se tornou capaz de vencer uma guerra. A Indochina conseguiu sua independência. Nesse contexto, entre a primeira e segunda guerra mundial começou a aparecer uma espécie de tipo social que seria uma mistura entre o poeta, o escritor, o antropólogo e o viajante, tal como os exemplos de André Malraux, Paul Gauguin, Michel Leiris e Octave Mannoni.

Mannoni formou-se em Madagascar, onde se estabeleceu e começou a pensar os provérbios locais, verificando um tipo de relação diferente que aquele povo tinha com suas palavras; em 1950, ele voltou à França, tornando-se analisante de Jacques Lacan. Nessa época, escreveu um livro chamado *Prospero and Caliban: the Pshychology of Colonization*[33] que gerou uma polêmica violenta com Frantz Fanon, o qual, por sua vez, escreveu um livro de resposta à Mannoni, afirmando que os ocidentais, não contentes em colonizar a consciência, agora queriam colonizar o inconsciente dos africanos. Sua crítica era contrária à aplicação da Psicanálise fora do seu campo. O livro de Frantz Fanon[34] é considerado um dos precursores do movimento chamado *teoria pós-colonial*, cuja principal representante, na atualidade, constitui a indiana, Gayatri Spivak.

---
33 Mannoni, O. (1950/1984). *Prospéro et Caliban Psychologie de la Colonisation*. Paris: Edit Univesitaries.
34 Fanon, F. (1952/2008). *Pele negra máscaras brancas*. Salvador: Ed. Universidade Federal da Bahia.

Esse grupo de pesquisadores até entende a área, porém, por meio de uma metodologia que, aqui no Brasil, consideraríamos esquisita, já que eles compreendem a Psicanálise como um dispositivo de colonização. Frantz Fanon não foi traduzido para o português, Gayatri Spivak também não. Tudo isso está acontecendo em alguma universidade ao norte do Equador, mas nós, que fomos colonizados — e parece que estamos bem satisfeitos com isso — estamos fora desta discussão. Tudo isso para dizer que Jacques Lacan conviveu com André Malraux e fazia parte do grupo de estudos com Alexandre Kojève e outros. São filósofos, antropólogos e poetas viajantes, profundamente interessados nessa possibilidade de um pensamento que não fosse um pensamento da identidade. Um pensamento não identitário era justamente o que Jacques Lacan estava procurando em Hegel; ele procurava uma maneira de pensar o inconsciente sem fazer dele um duplo inverso simétrico da consciência. Estava em questão conceber o outro como outro e o jeito ocidental para pensar isso era, até então, Heráclito, Nietzsche e Hegel, mas Jacques Lacan descobre que um outro jeito seria através do Oriente.

Observem que essa questão estava ativa entre 1901 e 1930, no pré-segunda guerra, e se mostrou na cena do teatro. Na dramaturgia ocidental, o filme *A Chinesa*[35] enfoca a revolução cultural chinesa, enfim, a arte ocidental não pode mais ser concebida sem o Oriente. Na pintura, na escultura, no teatro, em tudo está o Oriente em retrato, em metáfora, em questão como tema, como conteúdo e, por fim, como estratégia de pensamento. Jacques Lacan não poderia ser estranho a isso tudo que, no fundo, é um aspecto cultural pouco comentado, pouco discutido na obra lacaniana, mesmo tratando-se de um assunto que não é novo em seu ensino e que constitui uma antípoda da solução hegeliana dentro da teoria lacaniana.

Para quem quiser se introduzir no assunto, recomendo um dos primeiros críticos culturais do Japão, um autor chamado Jun'ichiro Tanizaki que escreveu *Elogio da Sombra*[36]. É interessante que, dentro do ocidente moderno no século das luzes, o sujeito escreve algo em louvor da sombra, revelando que no Oriente o pensamento aponta para o escu-

---

35 *La chinoise*. França: 1967. Filme de Jean Luc Godard.
36 Tanizaki, J. (2007). *Elogio da sombra*. São Paulo: Companhia das Letras.

ro, para a sombra, para a transição, para o gradual. O livro é belíssimo e constrói um argumento de que tudo é composto de tal forma a pensar na precariedade daquilo que se mostra. O que se mostre, o que ilumina é uma contingência, é quase um acaso perto da totalidade daquilo que fica no escuro. Ele observa sobre os postes na rua, sobre as canetas e assim vai. Convido vocês a escutarem o que ele diz sobre o papel:

"O papel, segundo ouvi dizer, foi inventado pelos chineses e para nós o papel ocidental nada mais é do que uma utilidade. Já o aspecto e a textura do papel japonês ou do papel chinês nos proporcionam sensação de tépido aconchego e paz de espírito, além disso, a brancura do papel ocidental se fere no papel japonês especial ou do papel chinês branco; a textura do papel ocidental tende a repelir a luminosidade, mas tanto quanto o especial, quanto o outro tem texturas suaves semelhantes a da macia primeira neve de inverno e como ela absorve brandamente a luz, bastante maleável não produz ruído ao ser dobrado ou amassado. Manuseá-lo é o mesmo que tocar as folhas de árvores frescas e úmidas." (Tanizaki, 1933/ 2007, p.20-21).

Bem estranho, não é? Ele falou tudo isso de um papel. Ele estava quase fazendo um conceito sobre o papel japonês. Há uma espécie de poesia involuntária. Ao falar desta maneira, o autor não está fazendo poesia, inventando a retórica ou exprimindo-se melhor, não é nada disso, é apenas a língua, é apenas a forma de montar proposições — o que se trata de uma falácia, pois não existem proposições em chinês.

2.2 - O oriente, a escrita e a carta-letra

Consideramos que a nossa lógica começa em um princípio: a identidade. Ele parte de uma lógica elementar, a da proposição, do sujeito, do conectivo e do predicado. Inclusive, a ideia vale para o sujeito na acepção lacaniana, pois, o sujeito, em grego, chama-se *hypokeimenon* — aquela posição dentro de uma sentença, quanto o que permanece no cruzamento silogístico de uma sentença com outra premissa maior e menor, que nos leva a uma conclusão. Tudo depende da proposição e a proposição pode ser logicamente definida da seguinte maneira:

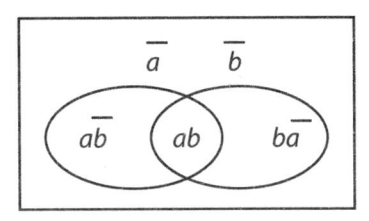

Desenhar "não-a não-b" significa "a" e "b". Entretanto não temos, exclusivamente, "b", bem como o "a"; logo, a reunião das duas coisas está aqui no meio "ab" — "ab" oferecendo a forma lógica mínima do "sujeito-predicado". Vamos começar com um sujeito que foi o clássico dos exemplos: o homem. Em chinês, há cinco formas para designar o homem. O homem cansado, o homem que está ocupado com seus afazeres, enfim, de qual homem falamos? Vamos falar de um deles, porém, vale frisar que, na língua chinesa, não existe o verbo "ser". Não há "ser" em abstrato. Há várias expressões que se referem ao "sendo", ou ao "tornar-se". Esse aspecto encontra-se em uma escola do ocidente sobre a filosofia da linguagem, uma corrente pouco estudada, a Escola Megárica. Os megáricos tinham uma teoria de funcionamento para o chinês, propunham que, na língua chinesa, ao invés de ser dito que "a mesa é verde" diz-se "a mesa verdeja". O chão "branqueja", a pessoa não é bela, mas sim ela "beleja". Observem que não há conectivo. Essa forma lógica poderia ser escrita, assim:

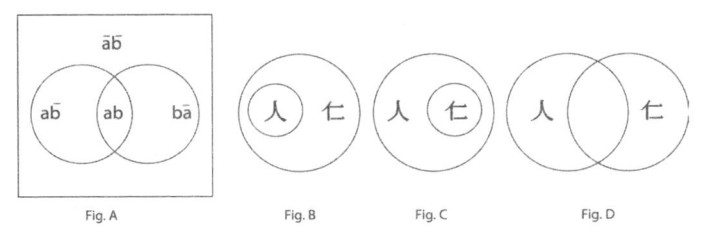

Fig. A   Fig. B   Fig. C   Fig. D

Ao analisar somente a escrita, não é possível saber ao que o sujeito está se referindo, se é uma relação de inclusão ou de exclusão, tampouco se é exclusão de um ou de dois. Outro exemplo: "Todo homem é mortal", ou melhor, "homens mortalizam". Qual a posição da morte na sentença? A morte faz parte como categoria, como espécie inclusa no gênero, a morte faz parte do homem, ou ainda, a morte é o próprio homem? A questão consiste no fato de que tudo isso seria dito ao mesmo tempo em chinês. Para nós, ocidentais, fica a incógnita de como eles conseguem se comunicar. Não ao acaso, foi tal experiência desconcertante que impactou violentamente Jacques Lacan. Com isso, ao voltar do Japão, ele afirmou que existem problemas para pensar a essência do inconsciente estruturado como linguagem, quando a linguagem que vale é daquele tipo. Seriam problemas abertos em todas as frentes, mas a mais simples constitui o fato de termos uma visão clara do que se trata a atividade de traduzir. Temos na plateia a Cláudia Berliner que é tradutora e pode dizer algo disto. O tradutor passa de uma língua para outra e seu trabalho chama-se tradução. O problema é que, em chinês, ler é traduzir.

Qualquer leitura em chinês compreende uma tradução, o que balança a ideia do que constituiria a interpretação de um sonho em chinês, afinal, podemos pensar na interpretação a partir da ideia de tradução, já que passamos de uma língua para a outra. Nisso, reconhecemos que há duas formas diferentes de escrita, já que a experiência do sonho é bem diferente do que falar sobre ele na vida de vigília; entretanto imaginem se não fosse diferente. Essa é uma proposta amplamente difundida em um livro sensacional, o *Ideograma*[37], de Haroldo de Campos. O livro consiste em uma compilação de textos sobre a língua, sobre a escrita chinesa e oriental, a partir do caso de um estudioso americano da língua chinesa, Ernest Fenollosa, que viveu na China por volta de 1897. Ele mostrou que a descoberta da língua chinesa coloca problemas e soluções imediatas para toda a poética do Ocidente. A teoria da poesia e o fazer poesia, depois do contato com o chinês, precisava ser outra coisa. O autor passou um tempo na China e no Japão, era um viajante como Mannoni. Fenollosa voltou do Oriente fazendo conferências em universidades, escrevendo e fazendo poesia, mas morreu, subitamente, de ataque cardíaco, em Londres, em 1908. A esposa dele se viu com aqueles trabalhos não publicados e, ao invés de entregar para um museu, ela os enviou a um poeta, Ezra Pound. Ela supôs que o poeta pudesse se beneficiar, mas, ao entrar em contato com o material, ele disse que tinha, em mãos, a nova poesia do Ocidente. O resto da história vocês conhecem. Trata-se

---

37 Campos, H (2000). *Ideograma*. Coleção Críticas Poéticas. São Paulo: EDUSP.

da renovação da poesia, inclusive, da poesia concreta brasileira, que nasce daquela redescoberta das relações intrínsecas entre forma e conteúdo na poética.

Vou seguir lentamente, passo a passo, depois, teremos outra aula para comentar "*Lituraterra*".

Imaginem uma língua escrita que é diferente da falada, sem conectivos, sem o verbo "ser", portanto, sem divisão de gênero, de espécie, sem silogismo, sem conversão, sem oposição. Trata-se de uma língua onde prevalece o verbo e não o substantivo. Assim, o Oriente é chocante para nós, já que lá não existe uma noção, muito importante em nossa cultura linguística, que é a substância, a essência, o substrato permanente. A língua chinesa tem sua ênfase nos verbos, nas transformações, não no substrato imutável.

Plateia: (...)[38].

Christian Dunker: Sim, constitui uma elaboração de premissas e tradições vindas do taoísmo e do budismo, essencialmente, filosofias do pensamento sobre a prática relacionada a um aspecto cultural muito curioso, o fato de o chinês escrito ter se tornado uma língua morta. Trata-se de uma língua que não é mais falada, como o nosso Latim. A diferença é que o Latim consiste em uma língua glossolálica, que foi usada pelos escribas, antigamente, podia ser falada, porém, lentamente, a língua oral se modificou, ao passo que a escrita era tão complexa que permaneceu idêntica a si. A língua escrita se manteve intacta, contudo a língua falada se transformou, até o ponto que fala e escrita se dissociaram, se autonomizaram.

Voltando ao ponto em que paramos. É chocante para nós, ocidentais, o fato de faltar a noção de "substância essencial", faltar a noção de "permanência", entretanto era justamente isso que Jacques Lacan estava procurando. Há tempos ele estava pesquisando alguma filosofia que concebesse o homem como um ser que não tem substância, um pensamento próximo ao de Schopenhauer, por exemplo, cuja essência consiste na falta dela.

Feita essa introdução, podemos seguir para examinar como o título desse capítulo, *Lituraterra*, é, ele próprio, uma operação linguística chinesa. É claro que, no francês, trata-se de um neologismo.

---

38 Gravador não alcançou a intervenção.

Contudo ressaltaremos que existe a intenção de transformar, uma mudança de Literatura para "Lituraterra". Compreende, desse modo, uma modificação caracterizada por dois traços. O primeiro deles é a aliteração; leiam, por exemplo, os poetas simbolistas, como Cruz e Souza (1868-1891): "vozes veladas veludosas vozes, volúpias dos violões, vozes veladas vagam nos velhos vórtices velozes dos ventos, vivas, vãs, vulcanizadas". Exemplo de aliteração como um som recorrente. O segundo traço é a inversão. Respeitando o francês, *Lituraterre* compõe-se a partir de uma inversão do "e" pelo "u:

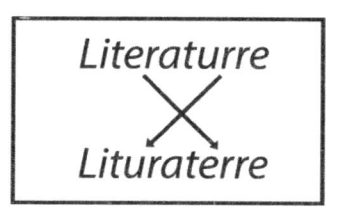

$$\textit{Literaturre} \times \textit{Lituraterre}$$

Uma letra trocada muda o sentido do que se escreveu. Lembremos o exemplo claro de falácia e de sofismo para Aristóteles, no qual duas palavras que não possuem o mesmo nome, nem qualquer relação entre si. O nome não se relaciona com a coisa, é arbitrário, ideia, posteriormente, reforçada por Ferdinand Saussure. Entretanto, com a língua chinesa, Jacques Lacan está contra-atacando aquele argumento. Para os chineses, a inversão tem a ver com o objeto do qual se fala. Esse fato não significa que *literaturre* consiste em uma coisa e *lituraterre*, noutra. Tal como já foi explicado, a *literatura* está se tornando *lituraterra*. Da mesma forma como a mesa "verdeja", a literatura "lituraterreja". Sim, é estranho para nós. O raciocínio ocidental para pensar tal transformação suporia que um objeto, uma substância, um conceito como literatura, poderia ser dividido em gêneros, poderia ser caracterizado por regularidades. No pensamento ocidental, as transformações são organizadas nas formas de grandes e pequenas mudanças que abrem categorias.

No pensamento oriental não há uma "essência de literatura" que depois sofre mudanças. Para o Oriente, a mudança sempre esteve lá, a literatura sempre esteve se tonando *"lituraterra"*. Sim, é possível questionar o significado dessa palavra. Ocorre que, antes de significar alguma coisa, ela é um escrito e, como tal, precisa ser traduzido. A palavra literatura vem do latim *litteris* que significa "letra". Já *lituraterra* foi composta a partir de outro radical, *litera* ou *liturai*, que significam revestimento, correção, risco, rasura ou borrão.

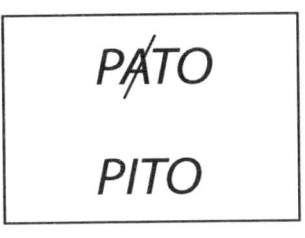

```
P̸ATO

PITO
```

Novamente, a comparação da escrita ocidental com a oriental gera um choque. O risco, a rasura faz a mudança de PATO para PITO. No Ocidente, a mudança é lida como um apagamento de A, mas em chinês, gera um outro caractere. Ao apelar, com o intuito de aplicar o radical *litera*, Jacques Lacan mudava o significado histórico do termo. Assim, construía um termo que tem relação com o lino, material sobre o qual se escreve na superfície. O linotipo compreende uma maneira de imprimir baseada em uma superfície que aceitava os tipos. Já, *liturai*, tem uma segunda camada semântica sobre ela, trata-se da relação com *liteira* (cama, leito) que conserva, no radical, a ideia clínica freudiana de o paciente estar deitado. Não confundir *liteira* com *litteris (letra)*. A letra que justamente fica apagada pela inversão do "u" pelo "e" (de literaturre para *lituraterre*).

A noção de apagamento remete a uma antiga ideia lacaniana, proposta no *Seminário IX: A Identificação* (1961-62). Nesse nono seminário, afirmou-se que o sujeito, quando relacionado à escrita, compreenderia efeito da rasura ou do apagamento da letra. É esse o conceito que está replicado no título desse capítulo, *Lituraterra*. Jacques Lacan coletou, em James Joyce, material suficiente para supor que a letra (*litteris*) se tornava *litura*. A concepção de transformação foi retirada da própria literatura. A passagem do *letter* para *lettre*, além de toda a discussão sobre a carta e a letra, supõem uma operação que pode ser extraída de James Joyce.

2.3 Lacan com Joyce

Ao pesquisar o assunto, descobri que Jacques Lacan enviou cartas à James Joyce e, o mais absurdo, James Joyce respondeu. Ele respondeu um ano depois, mas respondeu. Para aqueles que se interessarem pelo tema, trouxe a versão original, em inglês, das duas cartas que constam em uma revista irlandesa de Psicanálise, a *The Letter*[39]. Destacaremos uma passagem da carta. Jacques Lacan escreveu para Joyce em 02 de novembro de 1939. O conteúdo da carta foi uma reclamação de Lacan sobre seu analista. Ele estava bravo e ironizava seu analista criticando o fato de que ele fora embora para New York quando a guerra estava começando. Observem o estranho. Jacques Lacan nunca tinha escrito qualquer coisa para o cidadão, mas, quando escreve, começa a falar mal de seu analista. Pode ser que tenha sido uma forma retórica de tentar dizer que os analistas não sabem o que estão fazendo, aqueles que entendem são os poetas. Poderia ser alguma tentativa de fazer o sujeito dizer alguma coisa para ele. Jacques Lacan se interessara por uma passagem de *Finnegans Wake*[40] na qual Joyce havia inventado uma palavra que significaria algo como "freudar", com a qual faz um jogo daqueles que o caracteriza. Na vida pessoal, James Joyce tinha crises e uma relação turbulenta com uma filha que passou muitos anos internada. Ele chegou a se consultar com Jung. Na resposta dada à Lacan, ele, de fato, lembra que lhe haviam recomendado Jung, mas que ele não confiava muito na história da Psicanálise. O mais importante para o nosso comentário de hoje é, entretanto, um trecho da carta de Jacques Lacan para James Joyce:

"(...) o freudismo é uma enunciação na qual o enunciado não pode ser encontrado, é um enigma tornado livro. Eu planejo usá-lo em meu futuro ensino. Fui tomado pela sua definição do que vem a ser uma *letter* (*carta-letra*) e, de qualquer forma, se é assim, você a publica para mostrar que, enquanto a *letter* mata, o escrito vivifica, não é?"[41].

Como é notório, a carta apela para o catolicismo do escritor, oferecendo quase um convite para serem amigos. Era uma pergunta dirigida à Joyce, para reinventar a literatura de forma a determiná-la. Essa seria a conclusão lógica seguindo a sua aliteração de *"letter"* para

---

39 Gravador não alcançou a intervenção. *Psychoanalysis*. n. 37. Dublin: St. Vincent University Hospital, 2006.
40 Joyce, J. (2002). *Finnegans Wake*. São Paulo: Atelier Editorial.
41 Trecho extraído de: *The Letter: Lacanian perspectives on Psychoanalysis*. n. 37. Dublin: St. Vincent University Hospital, 2006

"litter". Jacques Lacan não era ingênuo e conhecia sua literatura há mais de trinta anos. Acompanhemos a resposta de James Joyce que viria um ano depois:

(...) de fato sou um escavador da linguagem e das memórias, eu escrevi meu último livro com *juissance*, é verdade, e tive a plena intenção de realizar o sonho de todo escritor, de que eu teria o leitor ideal sofrendo de séculos de insônia. Eu imagino que isso poderia ser feito *à la Gogarty*, ou seja, psicanálise entre os *literati* e os *literati* entre os psicanalistas"[42].

É uma resposta muito interessante. Quem era John Gogarty? Era mais um daqueles escritores, antropólogos e poetas que se tornou um político na Irlanda, foi senador, no entanto, em um determinado momento da vida, ficou totalmente quebrado, não tinha dinheiro e precisava arrumar um lugar para morar. Assim, ele foi para os arredores de Dublin e encontrou uma torre romana chamada Martello Tower. Eu estive, presencialmente, nesse lugar, horrível, escuro, frio, pequeno, parece uma masmorra. Ocorre que John Gogarty encontrou James Joyce, um errático desde sempre, e, juntos, decidiram alugar a torre, que era o lugar mais barato. Decidiram que, enquanto moravam e tomavam conta dali, iam *"literalizando"*. De fato, Joyce fez um laço muito criativo com o Gogarty. A famosa abertura de *Ulisses*[43] consiste em um sonho dele dentro da Martello Tower, no qual lutou contra um tigre que não estava lá, uma cena aproveitada por Ludwig Wittgenstein. Os dois passaram meses trancados naquela torre, fabulando, e, dessa experiência, nasceu *Ulisses*, um dos textos mais célebres de James Joyce.

Enfim, o que James Joyce respondeu à Jacques Lacan? O convite, aparentemente, funcionou e ele afirmou que Lacan poderia ocupar o lugar de "parceiro-psicanalista-escritor", ou seja, um psicanalista entre os literatos e um literato entre os psicanalistas.

Agora, de James Joyce vamos passar aos exemplos dos caracteres em chinês.

---

42 Trecho extraído de: *The Letter: Lacanian perspectives on Psychoanalysis*. n. 37. Dublin: St. Vincent University Hospital, 2006
43 Joyce, J. (1922/2012). *Ulysses*. São Paulo: Penguin Classics Companhia das Letras.

2.4 - A escrita chinesa

Em primeiro lugar, a escrita vem como a arte, algo que, para nós, se perdeu, a arte da caligrafia. Cada escritor teria um traço que seria absolutamente próprio, então, não é apenas uma escrita, é também possível verificar que tal maneira de escrever contém um traço que remete a tal escola e, eventualmente, até identifica tal pessoa. Isso é o contrário da nossa escrita tipográfica em que o caractere permanece sempre o mesmo. Na escrita chinesa não é assim, ela se faz com traços únicos, com gestos únicos. Em segundo lugar, na sua origem, a escrita chinesa consiste em uma espécie de desenho. Logo no início do capítulo, Jacques Lacan fala que se trata de um casamento da escrita com a pintura. Abaixo, vemos o que seria, na sua origem, uma forma de desenhar a lua, frisando-se que, na origem, não no uso corrente. Esse uso foi sendo recoberto por outros traços, se moldando e se deformando, a tal ponto que temos a aluvião. Imaginem um rio com um leito, em cujas curvas se acumulam restos.

No interior, há uma gíria que diz que determinado cara é "a maior curva de rio". Quer dizer que ele acumula em si tudo quanto é tranqueira. E essa a ideia de acúmulo que nos interessa, já que, também, no leito dos traços caligráficos se acumulam a própria trajetória do caractere. Em cima de um desenho, há a acumulação de traços, que marcam a própria transformação temporal do objeto, o qual se torna um produto daquela mudança. Imaginem uma moeda que perde seu desenho a ponto de não ser mais possível saber seu valor. Imaginem, ainda, as palavras que trocamos, elas se atualizam e são únicas a cada vez, mas não contêm, materialmente, sua história. Realizando uma etimologia, encontraremos resíduos, posições, quase que um arquivo do uso de determinada palavra, mas em seu campo semântico. Já no que se refere ao valor material do caractere chinês, é diferente, trata-se da preservação da mudança do traço, no próprio traço, quase uma memória do traço que se incorpora a ele. Tal realidade será um pretexto para a afirmação genérica de Jacques Lacan sobre a civilização, na qual ele afirma que a cultura é um esgoto e a civilização seu resto. Pensar a civilização seria pensar o resto. Nós, os ocidentais, esquecemos isso e supomos que a cultura compreende uma espécie de horizonte sempre novo. Pensamos a nossa vida como um resto de um projeto cultural, a cultura como um esgoto que se peneira e deixa seus traços acumulados em um sujeito, tal qual a aluvião. Jacques Lacan cita, na segunda página do capítulo, a expressão de Tomás de Aquino *sicut palea* ("é tudo palha"), que Lacan usa para se referir à própria obra. É importante frisar que, nesse seminário, Lacan está pensando em si como um autor. Tomás de Aquino sintetizou a sua obra comparando-a à palha, ou seja, era tudo resto, tudo escombro.

As imagens para definir uma época são diferentes. É possível pensar que nossa época é a decadência de uma época anterior que já foi melhor; também é viável pensar a nossa época como algo que podemos perder se não cuidarmos; em uma terceira acepção podemos pensar a nossa época como o escombro de outras épocas, como o resto acumulado. Cito Jacques Lacan: "A literatura não passa de uma acumulação de restos é uma questão de colocar no escrito aquilo que de início e primitivamente seria contra o mito falado, procissão inarrática (Lacan, 1971, p. 113).

Voltemos ao fato de que a carta sempre chega ao seu destino. Qual o destino? O lixo. A carta (em *souffrance*) é, supostamente, entregue em seu destinatário para resolver o enigma e conquistar um saber, porém, depois, vai para o lixo. Nessa passagem, encontramos uma versão da transformação que Jacques Lacan dará para o sentido do falo. A carta, enquanto um falo, incluía questões a respeito do que fazer com o poder desmesurado que ele induz. O que fazer com o falo? Como simbolizá-lo? Como trocá-lo? Como fazer com que sua circulação se estabeleça? Todas essas questões estavam no horizonte lacaniano, entretanto, a partir do chinês, muda-se totalmente a chave de leitura, porque a carta que precisa chegar ao seu destino é lixo. Assim, faz-se necessário pensar o que fazer com o resto, aquilo que precisa ser transformado em resto, ou seja, trata-se de uma clínica que deve ter por horizonte o objeto *a*, um resto. Essa é a ideia transformativa em questão, da *letter* (como falo) para *litter* (o lixo) ou para *a* (o resto). A carta, na primeira fase, tinha um envelope, um papel com letras escritas. Neste segundo momento a carta deixa de ter função epistolar, como afirma Lacan a letra não é o significante mas a letra não é o significante, diz Jacques Lacan, finalmente. Nesse momento, ele começa a estruturar uma divisão, quando afirma que o significante é simbólico e, a escrita, real. Cito sua passagem: "(...) nada para a gente confundir como se tem feito a letra com o significante. A letra possui um envelope" (Lacan, 1973, p. 110). Se há essa distinção da letra com o significante, isso vai introduzir uma relação de litoral entre letra e significante, mas também entre gozo e saber.

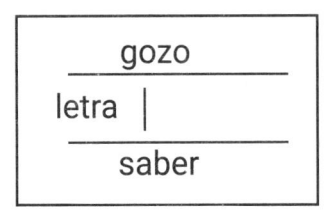

$$\frac{\text{gozo}}{\text{letra} \mid} \\ \overline{\text{saber}}$$

Em outra passagem, Jacques Lacan resume a noção de litoral:

"O litoral é aquilo que instaura um domínio inteiro formando uma outra fronteira, se vocês quiserem, justamente por eles não terem nada em comum, nem mesmo uma relação recíproca. Não é a letra propriamente o litoral? A borda no saber que a psicanálise designa justamente ao abordá-lo. Não é isso que se trata? Não é isso que a letra desenha?" (Lacan, 1971, p.109).

A maior parte desses desenvolvimentos veremos no nosso próximo encontro. Como o litoral, a fronteira entre gozo-saber, o limite entre letra-significante se mostra no chinês?

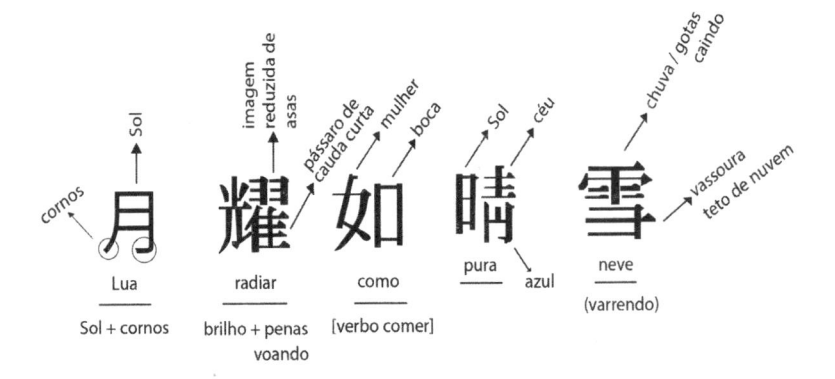

月   耀   如   晴   雪

Lua — Sol + cornos

radiar — brilho + penas voando

como — [verbo comer]

pura — azul

neve (varrendo)

(Sol; imagem reduzida de asas; pássaro de cauda curta; mulher; boca; Sol; céu; chuva / gotas caindo; vassoura; teto de nuvem; cornos)

A Lua, o primeiro ideograma. Chegamos até seu significado pela composição, ou melhor, pela quase adivinhação dos traços que, supostamente, seriam um disco solar acrescido de dois pequenos pontos, com isso se faz "Lua". Para nós, é quase um adivinhar. Ou se decora ou se adivinha, do que decorre também o grande e real problema da alfabetização na China. Temos que imaginar que o sol com chifres é a lua. Passemos ao segundo ideograma. É a imagem reduzida de asas e, ao lado, algo que corresponde a um pássaro de cauda, no caso, uma cauda longa, pois, se for curta, implica outra coisa. Acrescenta-se na lateral algo que indica um movimento abrupto, rápido. O que temos até então? Asas, pássaros com a cauda longa, movimento abrupto. A junção desse conjunto levaria à ideia de uma espécie de radiar.

Plateia: A asa acrescida da cauda longa, na verdade, significa "brilho que cai".

Christian Dunker: Só me resta concordar plenamente! Vejam que é absolutamente impossível para um ocidental concluir que não é radiar, mas sim um brilho que cai. Seguimos para o terceiro ideograma. Seria uma mulher, ao lado, uma boca e, no conjunto, representariam uma expressão adjetivada "assim como", "igual que". Sim, é nada fácil. No quarto ideograma, o sol e o céu ofereceriam a ideia de "pureza". No último, temos a chuva caindo, pingos grandes e uma espécie de vassoura, os dois traços restantes implicariam a imagem de um "teto de nuvem coberto". A junção de chuva, gotas, pingos grandes caindo mais o suporte (vassoura) formam a concepção da "neve. Essa tradução de um a um, de elemento para elemento, nos levaria a tradução: "lua radiar como pura neve". Entretanto não é exatamente essa a tradução, já que existe uma combinação dos elementos com a coisa e com a palavra. Há ainda uma combinação da palavra com o seu lugar no conjunto dos outros ideogramas, tudo isso forma uma relação na qual se supõe como e qual elemento ressoa com o outro para, depois, chegar à seguinte tradução: "a neve da lua cai sobre a ameixeira, seus galhos estão cheios de estrelas brilhantes":

Os caracteres da Escrita Chinesa...

月	耀	如	晴	雪
Lua	radia	como	pura	neve

Claro que isso seria apenas uma paráfrase possível de uma experiência que, para nós, é impossível. Estou tentando mostrar a profundidade da experiência tanto da montagem, quanto da noção de acumulação de traços. Estamos diante de coisas como a ideia de *PIKARI*, uma formulação que transmite a noção de "o som do sol". Entenderam? O som do sol, mas qual som? Para os ocidentais, o sol não tem som e isto seria uma poesia ou um modo de dizer, entretanto o chinês é todo assim, sempre no limite entre a língua e a poesia.

São Paulo, 08 de abril de 2010.
Instituto de Psicologia, USP.

3 - A LETRA NÃO É O SIGNIFICANTE: DEMONSTRAÇÃO PELA LINHA DE BORDA (*BORDERLINE*)

Novamente, comentaremos o capítulo *Lição sobre Lituraterra*, acrescentando, porém, uma hipótese mais clara sobre a utilidade clínica da distinção entre significante e letra. Apresentaremos, para isso, um caso específico, a categoria de *borderline*. Aqueles que nos acompanham há tempos sabem da grande resistência do universo lacaniano em pensar essa condição clínica. Antes mesmo de tecer qualquer hipótese, esse tipo de funcionamento consistia em uma categoria clínica simplesmente invalidada pelo campo lacaniano que a considerava como signo de uma imperícia diagnóstica. Havia a suposição de que, no fundo, o *borderline* seria uma histeria grave, um caso de loucura histérica. Depois dessa primeira interpretação, começaram a surgir argumentos a respeito de que, os casos *borderline*, constituiriam estados agudos ou atípicos de outras estruturas clínicas, incluindo, tanto a perversão quanto as psicoses. Recentemente, a interpretação lacaniana mais moderna para a situação *borderline*, passou a conceber o quadro como uma variante branda da psicose, quase um estado preliminar da psicose, assim, o caso estaria incluído na nova categoria clínica chamada *psicose ordinária*. No entanto há muitas controvérsias e, até hoje, não há qualquer consenso sobre tal situação entre os comentadores de Jacques Lacan.

3.1 - Uma resistência

O quadro passou a ser pensado a partir da segunda guerra mundial, assim, não estamos falando de um fato clínico raro, periférico ou de uma discussão de minúcia. No semestre retrasado, apresentei dados que demonstram que o *borderline*, certamente, consistiu no grupo clínico mais estudado na Psicanálise, entre as décadas de 1980 e 1990. Apesar da difusão de estudos sobre o quadro clínico, curiosamente, a opção dos lacanianos foi desqualificar sua existência. Nos anos anteriores, tentei argumentar que negar a existência do quadro não era a melhor estratégia, já que negar uma conformação da experiência ou acoplá-la às categorias de que já dispomos, compreende um reducionismo. Nessa discussão, realizamos um debate textual em torno de uma passagem do *Seminário X: A Angústia* (1962-63) sobre o qual alguns dos amigos presentes devem se lembrar de que há um problema de tradução ou de transcrição em determinado momento do texto. Depois disso, muitas pessoas foram procurar, nas bibliotecas francesas, os manuscritos com diferentes versões, para verificar se Jacques Lacan teria mesmo dito *borderline* no dia 19 de outubro de 1962. Retomemos a citação da passagem analisada, tal como aparece na versão oficial brasileira do texto, estabelecido por Jacques-Alain Miller: "Vejam esse desejo de uma esquizofrênica. O que há na ponta dos galhos? Para o sujeito em questão, o que exerce o papel desempenhado pelos lobos, pelo homem dos lobos são significantes." (trecho foi extraído da aula do dia 19 /12/ 1962)

Essa consiste na tradução em português do texto estabelecido por Jacques-Alain Miller que, repito, geralmente, faz uma boa tradução, mas, nesse caso, teria suprimido o que Jacques Lacan, de fato, dissera. De acordo com a estenografia de, pelo menos três versões diferentes da mesma aula, a fala atribuída à Jacques Lacan teria também incluído o termo *borderline*. Na versão argentina da EOL, com tradução de Ricardo Rodriguez Pontes, apresenta-se o seguinte trecho, aqui, reproduzido na íntegra em espanhol:

"Lo que el sueño inaugural en la historia del análisis les muestra, en ese sueño del Hombre de los Lobos, cuyo privilegio es que, como sucede incidentalmente y de una manera no ambigua, la aparición en el sueño de una forma pura, esquemática del fantasma, es porque el sueño a repetición del Hombre de los Lobos es el fantasma puro, develado en su estructura, que toma toda su importancia, y que Freud lo elige para hacer en esa observación que no tiene, para nosotros, ese carácter inagotado, inagotable, sino porque se trata esencialmente, y de un extremo al otro, de la relación del fantasma con lo real ... ¿qué es lo que vemos en ese sueño? La

apertura {béance} súbita y los dos términos están indicados de una ventana; el fantasma se ve más allá de un vidrio y a través de una ventana que se abre; el fantasma está enmarcado, y lo que ustedes ven más allá, reconocerán allí, si saben, desde luego, darse cuenta de eso, reconocerán allí, bajo sus formas más diversas, la estructura que es la que ustedes ven, aquí, en el espejo de mi esquema; están siempre las dos *partes*: de un soporte más o menos desarrollado y de algo que es soportado. Están los lobos, sobre las ramas del árbol; tenemos también, sobre cierto dibujo de esquizofrénico no tengo más que abrir cualquier recopilación, para re coger cosas así, si puedo decir, a paladas también, dado el caso, al gún árbol, con, en el extremo, por ejemplo para tomar mi primer ejemplo, en el informe que Jean Bobon hizo en el último Congreso de Anvers, sobre el fenómeno de la expresión con, en el ex tremo de sus ramas, ¿qué? lo que, pa ra un esquizofrénico, cumple el papel que los lobos juegan en ese caso borderline que es el Hombre de los Lobos[44]: aquí, significantes. Es más allá de las ramas del árbol que la esquizofrénica en cuestión escribe la fórmula de su secreto: Io sono sempre vista, a saber, lo que ella jamás ha podido decir, hasta entonces: Yo soy siempre vista. Aquí, todavía, tengo que detenerme, para hacerles percibir que en italiano, como en francés, vista tiene el sentido ambiguo: no es solamente un participio pasado, es también la vista {la vue} con sus dos sentidos, subjetivo y objetivo, la función de la vista y el hecho de ser una vista, como se dice "la vista del paisaje", la que está tomada, ahí, como objeto sobre una tarjeta postal"[45].

Plateia: Ele citou nominalmente *borderline*? Você pode repetir a leitura da citação?

Christian Dunker: Sim, ele citou nominalmente. No contexto da aula do seminário, trata-se de uma alusão feita por Lacan a um caso clínico discutido num congresso. Naquele contexto, um desenho foi

---

44 Grifo nosso.
45 Trecho extraído da tradução de Ricardo Rodriguez Pontes. Escuela Freudiana de Buenos Aires. Aula do dia 19/12/1962. Disponível em: http://www.acheronta.org/lacan/angustia6.htm

apresentado e lembrava o famoso desenho do Homem dos Lobos, aquele no qual constavam os lobos na ponta dos galhos. No célebre desenho, havia um sexto lobo que olhava fixamente para o Homem dos Lobos, situação, vastamente, comentada por Jacques Lacan, no *Seminário XI: Os conceitos fundamentais da Psicanálise* (1964), para sugerir que naquele olhar fixo, estaria o objeto a, porque seria o suporte da fantasia do Homem dos Lobos. Cito novamente a passagem na versão oficial brasileira: "Vejam esse desejo de uma esquizofrênica. O que há na ponta dos galhos? Para o sujeito em questão, o que exerce o papel desempenhado pelos lobos, para o homem dos lobos, são significantes".

Jacques Lacan estava dizendo que os lobos são significantes, assim como no caso clínico que havia sido apresentado, ou seja, o que estava na ponta dos galhos constituiriam, também, significantes. Buscamos a mesma passagem na versão do site Staferla e encontramos o seguinte trecho, aqui, reproduzido na íntegra em francês:

"Il y a toujours les deux barres d'un support plus ou moins développé et de quelque chose qui est supporté: il y a les loups, sur les branches de l'arbre, il y a sur tel dessin de schizophrène — je n'ai qu'à ouvrir n'importe quel recueil pour le ramasser, si je puis dire à la pelle - aussi, à l'occasion, quelque arbre avec au bout par exemple - pour prendre mon premier exemple dans le rapport que BOBON a fait au dernier Congrès d'Anvers, sur le phénomène de l'expression — avec au bout de ses branches — quoi ? — ce qui pour un schizophrène remplit le rôle que les loups jouent pour ce cas border-line[46] qu'est L'homme aux loups, ici des signifiants."[47]

Partindo das versões argentina e francesa, analisaremos a edição brasileira não oficial, traduzida pelo Centro de Estudos Freudianos, de Recife, no qual há equipe de psicanalistas que trabalham muito rigorosamente há tempos na tradução dos seminários de Jacques Lacan, a partir de versões estenografadas. Assim, nesse panorama,

---

46 Grifo nosso.
47 Trecho extraído de: Lacan, J. (1962-63). *Seminaire X: L´Angoise* (aula de 19 dezembro de 1962). Disponível em : http://staferla.free.fr/S10/S10.htm

apresenta-se a seguinte passagem: "(...) o que para um esquizofrênico cumpre um papel que os lobos desempenham, neste caso *borderline* que é o caso do homem dos lobos (p. 82).[48]" De Recife, peço que vocês busquem a versão online de Cormac Gallagher[49], um irlandês cuja tradução é a mais respeitada da obra lacaniana em inglês. Não lerei a mesma passagem novamente, mas está igual à de Recife e da EOL, ou seja, também aparece o termo *borderline* aplicado ao Homem dos Lobos. Assim, não se pode ignorar o fato de que tantas versões diferentes conservem a mesma estrutura da frase, o que significa que se suprimiu aquela referência na edição oficial em português. Tal supressão é compreensível, porque o universo lacaniano optou por não reconhecer a existência da categoria *borderline*. Trata-se de textual que revela a história da exclusão de uma categoria clínica, logo, não seria conveniente que uma categoria que não existe aparecesse aparecer no texto de Jacques Lacan. Porém, segundo as demais versões, essa categoria estava lá.

Nesse cenário, o foco não é verificar quais traduções estão corretas e quais estão erradas, menos ainda, não se trata de sugerir que o fato de a palavra *borderline* ter partido da boca de Jacques Lacan, não significa, necessariamente, que aquela categoria existe. Quero sublinhar que tanto a supressão da palavra quanto sua presença nas versões comparadas revelam o paradoxo e a complexidade clínica da questão. É um exemplo que, no mínimo, merece ser debatido, comentado e discutido. Os franceses, por exemplo, usaram muito a noção de que o *borderline* não seria uma estrutura, mas sim um estado de uma estrutura.

Plateia: Esse seria único caso de supressão?
Christian Dunker: Não sei. Em geral, não costumamos ver esse tipo de ocultação, mas não me dedico a fazer extensivamente comparações entre versões.
Plateia: Lacan, em outros momentos, teria dito algo que nos levasse a pensar a categoria *borderline*?

---

48 Trecho extraído de: Lacan. J. (1962-63/1997). *Seminário X: A Angústia*. (aula de 19 de dezembro de 1962). Publicação não-comercial. Recife: Estudos Freudianos do Recife.
49 Disponível em: www.lacaninireland.com

Christian Dunker: Ele falou algumas vezes em estados de borda, mas era muito raro. Assim, devemos investigar se ele não usou outras referências para falar sobre o assunto. Será que falou de outra forma, com outro nome? Afinal, a própria nomeação *borderline* gera uma discórdia entre aqueles que reconhecem a existência do quadro. Para Helene Deutsch, os *borderlines* compreenderiam as personalidades como se; já para a Psicanálise americana, seriam as personalidades narcísicas; para Wilhelm Reich, os tipos impulsivos e, para alguns franceses pós-lacanianos, seriam os estados limites ou fronteiriços. Esse contexto mostra que nem o nome da coisa está plenamente acertado. Da mesma forma, não podemos confiar que, quando alguém usa essa palavra, está se referindo a uma única situação clínica. Por exemplo, Otto Kernberg, que esteve aqui na nossa universidade, na semana passada, foi um grande divulgador da condição *borderline*, nos Estados Unidos, entre os anos 1950 e 1970. A categoria tornou-se uma espécie de ponto de referência para comparar a Psicanálise anglo-saxônica com a francesa, a lacaniana com a não lacaniana. É uma espécie de "diga-me o que você pensa sobre a situação *borderline*, que eu te direi quem tu és", assim, as linhas de se converteram em bússola para situar determinado analista dentro da geopolítica da Psicanálise. Se você me disser que a categoria *borderline* não existe, te digo que você deve ser de Paris ou do Brasil.

Plateia: Na palestra da semana passada, Otto Kernberg parece ter mencionado um caso *borderline* que gerou muita discussão. Era um caso muito parecido com aquele de Wilhelm Reich, que você nos apresentou no semestre passado. Tratava-se de uma paciente que insistia em ir às sessões vestida somente de camiseta, sem as demais peças de roupa, o que deixava o analista numa situação bastante complicada.

Christian Dunker: Sim, em geral, casos assim possuem um poder de catalisar as discussões. Aparecem conjugadas e sobrepostas duas linhas de interpretação que revelam processos metapsicológicos diferentes. Trata-se de uma combinação entre os processos de esquize e de ruptura associada a processos narcísicos, que são resolvidos por meio de estratégias suspeitas do ponto de vista da simbolização. Tal combinação leva a resoluções subjetivas exercidas em atos, *acting out*, ou leva aos comportamentos de adictos.

Usualmente, os exemplos utilizados são chamativos, para podermos refletir, visto que, o fato de um sujeito aparecer somente de camiseta à sessão, não é qualquer coisa. Poderíamos dizer que esse ato simbolizaria algo, mas, ao mesmo tempo, a maior característica de casos assim, consiste no fato de se revelarem muito performáticos. Em contextos como esse, a cura não responde ao método tradicional, que tomaria o ato como um significante a partir do qual deve haver uma associação livre. Pedir para que o sujeito construa a rede desejante e histórica da situação não é um bom caminho. O método tradicional opera com processos que se constroem por meio de uma formação simbólica, entretanto, um dos raros consensos sobre a condição *borderline*, consiste no fato de que não estamos no campo de formação simbólica. Não obstante, tentar aplicar a condução tradicional pode piorar o quadro. Mas o que fazer com uma apresentação clínica que não responde ao recurso tradicional? Ela não responde a isso, porém a outras coisas. Veremos.

Nesse panorama, constituiria outra experiência? É ainda uma situação de transferência? Sim, contudo uma transferência sem história ligada a um acontecimento, que não monta uma série e, justamente por isso, convoca a dúvida sobre ser ou não uma transferência. É compreensível nomearem a condição de *borderline*. Linha de borda entre o quê? A princípio, seria entre a neurose e a psicose, porque, só depois, incluiu-se a perversão no debate. Na psicose, seria preciso repensar as condições de transferência e, a partir daí, entender por que este quadro peculiar carrega reações emblemáticas.

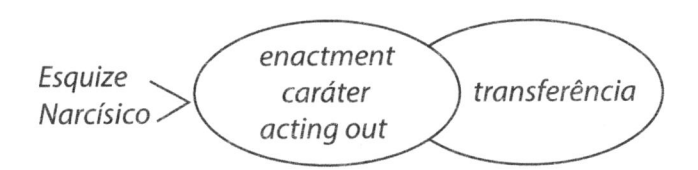

Esquize Narcísico ⟶ (*enactment caráter acting out*) *transferência*

3.2 - Significante e letra: interpretação e leitura

Nesse panorama, gostaria de avançar para o debate dos quadros *borderlines*, em vez de focar na distinção entre significante e letra. Existe o raro consenso de que o quadro não responde a intervenções do tipo significante, o que revela uma organização subjetiva na qual a função da letra permite planejar diferentes estratégias clínicas. Também permitiria supor, inclusive, uma atitude diferente na transferência, que não fosse baseada na interpretação — caso do significante —, mas sim em uma operação clínica correlativa da letra, a leitura. Essa é uma hipótese.

O significante se equivoca e faz homofonias, o que já conserva a lógica da interpretação. Todavia a letra não faz esse processo, já que implica um trabalho de leitura, em que se escuta e em que se lê. Um modelo que representa esse tipo de escuta é a língua chinesa, já que não consiste em um sistema de escrita baseado no tipo fonético-silábico. Vale ressaltar que é um engano supor que nossas línguas fonético-silábicas equivalem a todas as demais línguas, pelo contrário, a nossa língua parece ser um caso de leitura restrito e reduzido, baseado numa simplificação para o único. No Ocidente, existe somente um princípio de leitura: P = P e T=T, a partir do qual, durante muitos anos, ensinamos nossas crianças a ler: "vovô viu a uva". Trata-se de uma combinação simples de fonemas e sons, assim, quando se fixa a relação, tem-se o alfabeto. Nesse sentido, as pedagogas Emília Ferreiro e Alicia Fernández começaram a pensar diferente. Segundo sua teoria, a letra não seria sinônimo do alfabeto, mas sim da leitura, assim, a criança poderia saber ler antes de se alfabetizar. Elas descobriram que, antes mesmo da alfabetização, a criança tem uma prática de leitura muito ampliada — a que nos interessa — visto que não é silábico-fonética. As maiores representantes desse sistema são as línguas chinesa e japonesa, não-glossolalias.

Ambas muito curiosas, já que dissociam, completamente, a fala da escrita, a ponto de alguém saber ler o chinês sem jamais conseguir falar qualquer coisa em chinês e vice-versa. Vale ressaltar que há contextos culturais nos quais a escrita ficou reduzida a um ciclo seleto de pessoas, os juristas, os escribas, aqueles que sabiam dominar a arte da escrita. A fala foi evoluindo, se modificando e aquele grupo seleto acabou restringindo seu interesse ao sistema da escrita, apesar de o sistema da fala operar a partir de regras distintas. Assim, mil anos depois, existem dois sistemas completamente incompatíveis, não mais comensuráveis e não mais traduzíveis. Tal incompatibilidade fascinou Jacques Lacan quando ele foi ao Japão. Ele foi até lá e, quando retornou, fez um corte, é como se quisesse dizer que precisaria voltar e começar de novo, afinal, percebeu que sua teoria funcionava bem, somente quando o significante equivalia à imagem acústica, em um sistema silábico-fonética. Por isso, decidiu entrar no importante tema da escrita.

Dedicarei à demonstração da importância da distinção entre significante e letra no caso específico do *borderline*. Não nos dedicaremos, entretanto, à localizá-la na diagnóstica lacaniana, sim, no manejo clínico. Que diferença faz a letra ou o significante? Vamos retomar essa operação de escrita feita para produzir *Lituraterra*. No francês, troca-se o "e" pelo "u": Litura – terre / Litera – ture.

Nesse cenário, Jacques Lacan montou um sistema de circulação de letras, que produzia efeitos no nível do significante, novas ressonâncias e novas significações. Assim, ele joga, calculadamente, com o valor posicional dos fonemas, referência que a que se pode ater, quando saímos da leitura do fonema como a expressão de um som e entramos na possibilidade de que ele pode obedecer a uma combinatória não dependente das regras. As regras de oposição regulam o sistema significante, tal como é caso do recurso poético da aliteração: Liturr – ra – terre. No exemplo, acontece uma repetição do som "rr", o qual pode ser escrito assim "rr", mas também pode ser lido de outras maneiras. Desse modo, a leitura das duas alterações, inversão e repetição, precisa se desenvolver de uma maneira nova, ser, de fato, uma leitura, não uma interpretação.

Plateia: Podemos dizer que o significante constitui o retorno do recalcado e a letra o retorno do real?
Christian Dunker: Sim, isso é textual na obra. Vou apresentar a sequência de teses desse capítulo. Cito uma primeira passagem: "Nada permite confundir, como se tem feito, a letra com o significante; a escrita, a letra está no real, o significante está no simbólico. Entre o

gozo e o saber a letra constituiria um litoral" (Lacan, 1971, p. 110). O saber é uma função do significante. Então, entre gozo e saber (o s_2), a letra constituiria um litoral, que cria duas bordas. A primeira borda é o significante mestre, o ponto máximo de conjugação, de sobreposição entre letra e significante, daí que ele seja um ponto, tal como a letra, ponto a-semântico, sem significado, inclusive, na sua ligação com o saber.

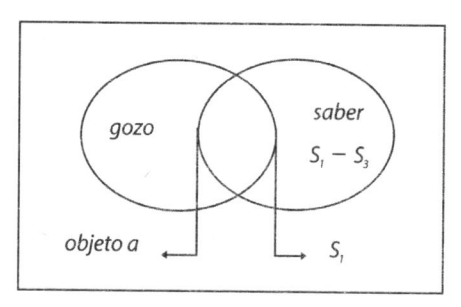

```
          gozo      saber
                    S₁ - S₃

      objeto a        S₁
```

Nesse contexto, um exemplo interessante é como Slavoj Žižek fala do significante mestre. Para ele, ninguém usou melhor o significante mestre do que a Coca-Cola ao inventar o slogan: "Coca-Cola é isso aí". Mas, o que é o "isso aí"? Ora, o "isso aí" é o que acrescentamos ao significante mestre, é o gozo a ser extraído do significante. O significante mestre desenvolve o consumo. Numa borda, temos o s_1 e o saber s_2, na outra, o objeto a. Podemos imaginar um espaço heterogêneo, topológico, no qual há o s_1, de um lado; do outro, o objeto a, mas, para os topólogos, sempre foi um problema saber se devem incluir a borda, a fronteira, como parte do espaço.

A fronteira ou a borda? Podemos também pensar em diferenciar ambas as coisas. Entre Brasil e Argentina, há o rio da Prata, uma formação natural que marca a fronteira, assim, até "aqui" é Brasil e "dali para lá", Argentina. A quem pertence a fronteira em si mesma? Isso constitui um problema topológico, não só uma questão geopolítica que poderia ser resolvida com um acordo. Há um problema topológico e temos uma ideia, politicamente, muito crítica e, potencialmente, corrosiva, o fato de que a fronteira é uma espécie de apagamento do problema da borda. A fronteira nega que tenha a borda, nega que tenha a letra.

A fronteira consiste em uma espécie de exacerbação da aposta de que o significante pode dar conta do real. Trata-se de um desconhecimento do real, por isso, na fronteira, vão aparecer os fenômenos do retorno desse real, tais como a segregação, a violência, enfim, tudo o que vocês conhecem como retorno do real. Um retorno bem ali onde se tem uma borda, onde se tem uma letra, que não é reconhecida como tal. Quando esse não reconhecimento acontece, a situação piora ainda mais. Sendo assim, devemos rever tanto as interpretações, quanto o manejo da transferência, a partir de operações de leitura. Partiremos do grafo de Jacques Lacan ao ler *literaturre* como *lituraterre*. Nesse cenário, a inversão é um procedimento, a repetição, outro. Observem que não se trata da repetição significante, sim, a aliterante. O próprio procedimento retórico chama-se: *a-literação* (litera, letra). Negação da letra. Não é a afirmação da letra. Pode até ter uma repetição significante, nisso temos uma positividade, mas, no que se refere à letra, trata-se do apagamento. Um exemplo simples é essa poesia, parece que não há certeza da autoria, talvez de Clarice Lispector.

"Não te amo mais
Estarei mentindo dizendo que
Ainda que te quero como sempre quis
Tenho certeza que
Nada foi em vão
Sinto dentro de mim que
Você não significa nada
Não poderei dizer jamais que
Alimento um grande amor
Sinto cada vez mais que
Já te esqueci
E jamais usarei a frase
Eu te amo
É tarde demais"

Trata-se de uma carta que tem a sua mensagem, os seus significantes e presume uma operação de leitura. Ela presume que nós devemos lê-la de cima para baixo, portanto, nos vetores comuns de nossa língua, afinal, não se trata do hebraico, outro exemplo de um sistema variado de escrita. Assim, o poema prova a falência dos vetores comuns, basta lermos de baixo para cima. Comecem da última frase e subam.

Constatou-se, assim, que as coisas se alteram quando, simplesmente, invertemos a posição inerente à regra da leitura e da escrita, mas não inerente ao significante. No poema, apesar de ter havido a inversão, o significante não foi corrompido, preservando aspectos da interpretação, da articulação significante. Mais uma vez, cito outra passagem de Jacques Lacan:

"O litoral é aquilo que instaura um domínio inteiro formando uma outra fronteira, se vocês quiserem, mas justamente por eles não terem absolutamente nada em comum" (p.103).

Nessa passagem, ele fala do significante mestre, do objeto *a*, do gozo e do significante. Jacques Lacan acusa uma heterogeneidade entre as duas coisas "(...) nem mesmo uma relação recíproca, não é a letra propriamente litoral, a borda no saber que a Psicanálise designa justamente ao abordá-la, não é isto que a letra desenha?" (p.109).

Aqui, temos outra série de deslocamento, da letra para a leitura e da leitura para o desenho. Comecem a imaginar o que significa ler um desenho.

Plateia: Conheço uma criança que não sabe ler, mas sabe o desenho da letra.
Christian Dunker: Se é assim, ela está lendo. Somos nós que identificamos essa atividade com a leitura alfabética, por isso, estou sugerindo essa operação, para pensar que que existe um conceito mais extenso de leitura que envolve, pela própria passagem, a configuração de fronteiras, de litorais e de desenho. Assim, entramos na relação da leitura com a aparência, terreno do semblante.

3.3 - O semblante corrompido

O discurso possui quatro lugares, dentro dos quais, os elementos variam entre semblante, outro, produção e verdade.

semblante	outro
verdade	produção

O semblante se enuncia a partir da verdade. Vimos como o ele reintroduz, no pensamento lacaniano, a função do imaginário, bem como da aparência. A leitura tem relação com a aparência, com o reconhecimento de aparências, bem como da localização, por exemplo, no discurso, de uma aparência que fala. E uma aparência para se colocar como aparência — que é a definição de semblante — precisa do quê? Tomemos, como exemplo, o caso da criança retratado há pouco, aquela que reconhece o desenho. Ela reconhece o desenho, sabe como se constrói um desenho, ela sabe no duplo sentido, no corpo e na experiência. O quê nós precisamos para ter um desenho? Precisamos de bordas. Bordas que formam um plano. No desenho, deve existir um traço que separa o dentro e o fora. Não se trata, simplesmente, de um aspecto do fundo da paisagem. Toda a leitura de um desenho depende da organização de traços, os quais consistem em fatos de aparência. Em termos discursivos, o que está sendo falado aqui? Estamos propondo a ideia de que, quando um sujeito participa de um discurso, ele se individualiza, se coloca dentro de uma aparência, dentro de uma borda. Trata-se, pois, da aparência de *senhor* do discurso, de que ele está autorizado a fazê--lo. Isso indica que o discurso constrói um semblante, uma borda, um desenho que localiza o agente e faz com que aquele discurso seja mantido, faz com que ele não desapareça. O que acontece no funcionamento *borderline*? Acontece uma espécie de corrupção, de destruição do semblante. O semblante corrompe-se como uma letra mal escrita, a qual difere de uma letra rasurada.

Quando falamos, entramos em uma lógica completamente específica. De um lado, o plano da fala, de outro, o da escrita. Um significante se nega por meio de outro significante, tal como é o caso da denegação: "Não é isto! Por que não é isto? Não é isto, pois eu estou dizendo". Esse exemplo de diálogo mínimo modula aquilo que foi dito antes. Ele nega um significante com outro. É possível fazer operações de negação ao articular significante, porém como se negaria uma letra? Talvez seja possível negá-la através de uma rasura, talvez riscando, fazendo um traço por cima, mas como saber se o traço não a transformou, simplesmente, em outra letra? Não podemos pensar desse modo da negação significante, que é da ausência.

O traço por cima não designa, necessariamente, uma ausência do primeiro. Pode ser que, em alguns casos, designe. Aqui, ele não designa, aliás, ele pode indicar outro traço. No caso da rasura, devemos nos perguntar se há deformação da mesma letra ou se gera uma não-letra? Temos uma letra rasurada ou temos uma marca? A possibilidade de fazer negações muda completamente de figura.

Plateia: E o caso da supressão?

Christian Dunker: A supressão da letra, simplesmente, produz um vazio, posto que não há um aviso sobre a falta da letra, por isso, para ser lida como ausência, ela precisa ser transformada em significante, tal como foi no caso da máquina de escrever do filme *O Segredo de teus Olhos*. Nele, existe um sistema significante, a máquina de escrever, no qual falta um. Ótimo. Como saber que falta um? Só é possível saber pela presença dos outros. No caso da letra, não é possível guiar-se pelos outros. O sistema da letra não tem fim, o sistema pode ser um desenho, pode ser uma letra de outro sistema de escrita, já que não está fechado em um esquema de vinte e dois fonemas alfabéticos, no qual se pode constatar a falta de uma. Aquela que se ausenta, é sempre a falta do significante, a falta simbólica que diz ao sujeito aquilo que ele chamará de *falo*. Produzirá a ilusão de que, com a posse do *falo* na mão, poderá fazer todas as outras coisas com seu desejo. Porém, a fim de que essa lógica ocorra, faz-se necessário um sistema dentro do qual se torna possível localizar a falta.

Já a poesia não se insere em um sistema, o qual se pode inferir a posteriori. Por exemplo, quando constatamos uma poesia, então, localiza-se o sistema. Todavia, na escrita, propriamente dita, não se sabe bem onde começa, onde termina, nem se é uma mensagem.

Plateia: Por que você relaciona com o semblante e não com o sujeito?
Christian Dunker: O sujeito constituiria um elemento dentro da estrutura do discurso. Já o semblante, um lugar fixo naquela estrutura, podendo variar entre os tipos específicos de discurso. Às vezes, o semblante é o semblante de sujeito; em outras, significante mestre, bem como saber e objeto *a*. O sujeito pode aparecer em qualquer outro lugar, pode aparecer recalcado abaixo da barra no lugar da verdade, por exemplo. Nem sempre sujeito e semblante ocupam o mesmo lugar. A categoria de semblante é mais extensa e maior do que a categoria de sujeito. Só assim podemos afirmar que existe o semblante de objeto que o analista faz.

Em cada uma daquelas situação, poderíamos pensar em corrupções do semblante. Por exemplo, no laço social *borderline*, o semblante não cumpre direito a sua função, assim, não organiza um lugar nem individualiza quem ou o que seria o agente daquele discurso. Dessa relação, decorre que o laço se transforma em descrições impressionantes, por exemplo, como a da tal paciente que ia às sessões só de camiseta. A corrupção do semblante transtorna, mas sem a mesma questão da psicose, na qual não existe discurso. Nos casos *borderlines*, há o discurso, mas, nele, a função do semblante manca. Talvez seja essa ideia que a Psicanálise discutiu com a ideia de que, no paciente *borderline*, a transferência convoca o real do analista. Isso também é unânime. O texto recente de Luis Cláudio Figueiredo discute bem o fato de que o paciente *borderline* convoca a entrada do analista na história, tanto, a ponto de o analista ser perturbado. Assim, não se trata da suposição de que o analista não foi suficientemente analisado.

Nesse contexto, a convocação consiste em um fenômeno produzido por um discurso que constrangerá a todos os envolvidos naquele laço. O ponto principal seria, justamente, a associação entre a borda e a letra. Da borda com o litoral. Por isso, se tivéssemos que os chamar de casos de fronteira, poderíamos nos referir a eles como casos de litoral. *Litoraline*. Ao invés de se estabelecer como circuito fechado, talvez ocorra uma modificação, sem que ela, necessariamente, represente uma mudança de espaço.

3.4 - Curva de Jordan, letra e linha de borda: *wespe* ou *espe*?

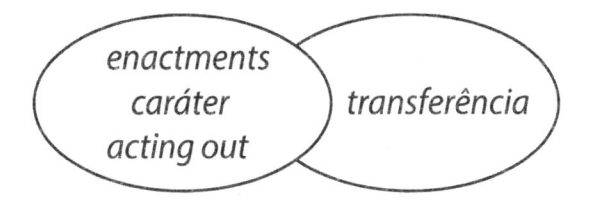

(enactments
caráter   ) (transferência)
acting out

Apresentaremos, nessa etapa, o argumento que será aprofundado somente no próximo encontro. É preciso imaginar um espaço que comporta o outro, mas, cuja relação com ele, não é de interioridade, nem de exterioridade.

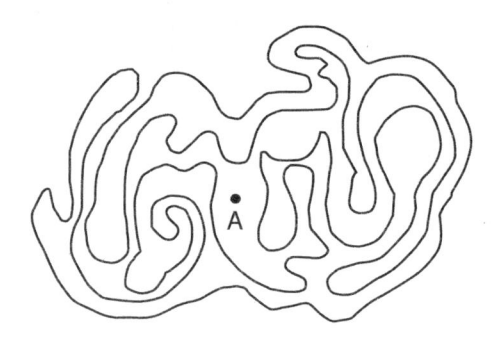

Tal relação apresenta-se, por exemplo, na garrafa de Klein, no plano projetivo, nas figuras topológicas. Todas elas dependem de um tipo de cruzamento que pode ou não constituir um dentro e um fora. Marquem um ponto qualquer e tentem verificar se ele está dentro ou fora. Nunca sabemos. Talvez se seguíssemos a borda, chegaríamos a uma conclusão. Há também outro método simples que é estabelecer uma reta e contar quantos cruzamentos existe. Se for um número par de cruzamentos, então, o ponto escolhido estaria fora, se for ímpar, dentro, trata-se de uma regra pragmática. Isso é um jeito intuitivo de ilustrar problemas de espaços que não são facilmente identificados pela oposição dentro e fora, é o caso de "compacidade" de dois espaços.

Plateia: (...)[50].

Christian Dunker: Queria chamar atenção para o fato de que aquele cruzamento tem o nome técnico de Curva de Jordan e que talvez possa ser usado para pensar o funcionamento *borderline*, pois produz inversões, inclusive, sobre a dominante de discurso, sobre o semblante de discurso. Nesse processo, não há descontinuidade, nem passagem do dentro ao fora, ou seja, há inversões que possuem estrutura de uma letra, inversões que precisam ser lidas e não escutadas. Estamos apoiados na concepção de que há uma operação clínica que não é a interpretação, sim, a leitura. Há uma passagem em *Uma dificuldade no caminho da psicanálise* (1917), onde o Freud diz o seguinte:

"(...) Se pensarmos que os meios de representação dos sonhos, são principalmente imagens visuais e não palavras, veremos que

---

50 Gravador não alcançou a intervenção.

é ainda mais apropriado comparar os sonhos a um sistema de escrita do que a uma linguagem, na realidade a interpretação dos sonhos é totalmente análoga ao deciframento de uma antiga escrita pictográfica ou aos hieróglifos egípcios, em ambos os casos há certos elementos que não se destinam a ser interpretados ou lidos conforme o caso" (Freud, 1917).

O que ele quer dizer "conforme o caso"? Que interpretar e ler são a mesma coisa? Ou haveria espaço para entendermos que interpretar é um caso e ler é outro caso. Em outra passagem, ele continua afirmando que, alguns elementos, não se destinam a ser interpretados ou lidos, mas têm, por intenção, servir por determinativos, ou seja, estabelecer o significado de algum outro elemento. Com isso, aprendemos que o argumento mais avançado do "último Lacan", entre significante e escrita, já estava posto em Freud. É uma coisa simples. O sonho pode ser interpretado e o sonho pode ser lido, às vezes lemos, outras, interpretamos. Ou, somente interpretamos, outras vezes, somente lemos.

Nesse panorama, analisaríamos a composição da linha de borda. Insisto nisso, porque não se trata de uma metáfora, não estou falando da letra como uma metáfora do funcionamento psíquico, mas sim de um modelo. Por exemplo, na transmissão do impulso elétrico, supõe-se que haja um deslocamento do elétron do átomo, malgrado não se saiba como funciona. Os modelos se referem a um isomorfismo com o real das coisas, não é uma alegoria sobre como as coisas poderiam ser.

Plateia: Na aula três, do *Seminário XXIV*, Jacques Lacan aborda a relação topológica entre forma e estrutura, questionando se ainda poderia dizer que se trata do mesmo, se é questão de forma ou se é questão estrutura.

Christian Dunker: Isso, isso mesmo. A topologia parece um bom método para entendermos operações reais com a letra e com as sobreposições, inversões e aliterações que a letra permite.

Analisar a linha de borda seria como ler chinês, o que é muito complicado, já que implica nunca confiar na homogeneidade das operações de sentido. Cada ideograma compreende uma espécie de negociação que se compõe com seu conjunto e, ao mesmo tempo, mantém a ambiguidade. Pode ser a lua, mas também pode ser o sol, mas também poder ser uma boca ou um cavalo. É preciso ver o que vem em seguida, se for uma boca que segue, o anterior teria sido outra coisa. As operações se desenham ao longo da leitura, assim como ao longo de um tratamento.

Nesse cenário, vamos tentar verifica essa hipótese no único caso *borderline* mencionado — para jogar pelas regras do jogo —, o Homem dos Lobos. Em 1918, o Homem dos Lobos diz que sonhou com um homem que arrancava as asas de uma *Espe*. O que é *Espe*? É exatamente essa a pergunta que faz Sigmund Freud, afinal, a palavra não existe em alemão. Assim, ele pergunta ao paciente o que quis dizer com *Espe*. O Homem dos Lobos responde que se tratava de um inseto verde, listrado de amarelo, capaz de picar. Freud corrige o paciente dizendo: "*Wespe*, você quer dizer". A partir dali, o Homem dos Lobos se justifica dizendo que ele era russo e que Freud deveria compreendê-lo, pois falava mal o alemão. Suas palavras à Freud foram: "Ah, se chama *Wespe*? Eu realmente acreditei que se chamava *Espe*. *Espe* sou eu". A fala enfatiza o som do "S" e o som do "P" (SP).

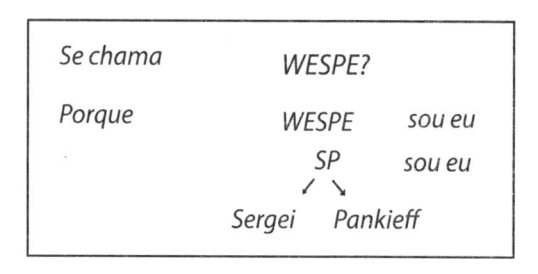

Se chama	WESPE?	
Porque	WESPE	sou eu
	SP	sou eu
	╱ ╲	
	Sergei Pankieff	

Percebam que há uma operação de leitura feita, imediatamente, pelo Homem dos Lobos. Ele não parou e ficou associando o que seria *Espe*. Pelo contrário, a partir da intervenção de Freud, o paciente continua a falar, como se não tivesse sido corrigido. Freud insere uma letra indo de *Espe* para *Wespe*, mas ele continua lendo SP. O Homem dos Lobos responde dizendo "S.P sou eu". Sigmund Freud concluiu com naturalidade: "*Espe* é naturalmente uma *Wespe* mutilada". Ele diz que se trata de uma *Wespe* que teve uma asa mutilada, mas sua asa é um pedaço de letra.

Plateia: É um desenho, não é?

Christian Dunker: Isso mesmo. Porém, para acompanhar a sequência, é preciso conjugá-la, ela não saiu do plano significante, por quê? Ora, quem tem a pinta amarela é a *Grusha,* a famosa babá. Nesse sentido, há outras associações, correndo o tempo todo, por meio de explicações que se somam, do tipo o russo e o alemão. O fato é que a operação discursiva oscila entre interpretar e ler. Geralmente, tem uma conjugação e uma borda entre um e outro. No Homem dos Lobos, como em um caso de *borderline,* a borda foi atravessada sem que tivéssemos percebido por onde o sujeito tomou o atalho da curva de Jordan. Tecnicamente, ele saiu de um espaço e entrou noutro. Malgrado essa atitude, supúnhamos que, para um paciente fazer isso, teria que ter cruzado um longo caminho, que, nesse caso, virou um atalho que resultou nessa mágica.

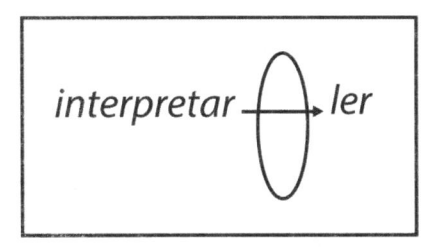

interpretar —⬭— *ler*

Por fim, Sigmund Freud interpretou: "o sonho diz claramente que ele se vinga da babá (Grusha) pela ameaça de castração". Claramente? Bom, Freud fez uma intervenção, totalmente, semântica, já que tirou uma asa da *Wespe,* converteu-a em uma *Espe,* operação equivalente a uma vingança pela ameaça de castração. Não obstante, Freud acrescentou que se trata da hora das depressões diárias, ao entardecer, assim, o paciente estaria deprimido, pois aquele momento lembraria as janelas que se abriram e fecharam quando ele entrou no quarto de seus pais e os viu no coito. Sigmund Freud aplicou uma semântica a uma operação que, claramente, compreende a leitura. Cinco é cinco, um desenho precisa ser lido assim, Freud sabia, mas nem sempre acompanhava tal movimento do paciente.

Plateia: (...)[51].

---
51 Gravador não alcançou a intervenção.

Christian Dunker: A primeira intervenção acompanho com mais facilidade, a segunda nem tanto. Com base nos critérios utilizados por Freud, no texto *Construções em análise* (1938), a construção pertence ao campo semântico, rompendo ou expandindo certas regras que articulam significante. Outro exemplo, melhor, inclusive, uma ótima lembrança, é por que a falsa alucinação constitui um traço associado historicamente ao *borderline*. Vou levar adiante sua sugestão, pois os reparos feitos por Freud relacionam-se com a investigação empreendida por ele naquele momento, sobre a *Verleugnung*, ou seja, sobre como uma ausência não pode ser lida como ausência. Essa reflexão, converge com a ideia de que, às vezes, há um traço de percepção que fica em suspenso, que não passa, que não é lido e, portanto, não se integra ao aparelho psíquico. Assim, quando um paciente narra novamente a mesma cena, como se nunca a tivesse contado antes, nós podemos avisá-lo que ele já contou, apesar de ele não se lembrar. Há algo que não foi integrado à realidade da transferência, exatamente, o que se observa na curva de Jordan. Dessa forma, na passagem de um para o outro, não se coloca o litoral, portanto, não há delimitação da borda, não há descontinuidade.

Plateia: Um dos efeitos da leitura seria colocar a letra no lugar ou como borda?

Christian Dunker: Isso. Por exemplo, o silêncio possui um efeito, um valor na gramática da interpretação, mas, outro valor, quando se trata da leitura: PAUSA = Ponto. Parágrafo = Travessão. Além disso, a literatura sobre *borderline* concorda que o analista precisa ser mais ativo, caso contrário, é inviável atender o caso. Esse é o paradoxo e o fantástico da clínica *borderline*, porque nos retira de certa acomodação, o paciente nos convidar a entrar, a participar e a escrever junto. O problema, contudo, é que se desenha, tal como a figura de Mauritis Escher, a mão que escreve sua própria mão, trata-se de entrar em uma circularidade altamente problemática.

Plateia: Como segue o "V"?
Christian Dunker: Tentei apontar que Freud aplicou uma semântica no W. Também foi o que, em geral, fizeram os comentadores do caso

do Homem dos Lobos. Nos relatos que o paciente deu depois, nas entrevistas e nos diversos tratamentos que fez, aparecia a curiosa ideia de que S.P consistiriam nas inicias de um famoso homossexual de Odessa, a cidade natal do Homem dos Lobos, na Rússia. Este homem, certa vez, se aproximara dele com intenções sedutoras. Igualmente, a letra W, esquecida pelo ato falho, é bastante sugestiva e deu margem a comentários bizarros de alguns autores, por exemplo, de que o W seria composto pelo V das cinco da tarde (V = 5). Outro comentador disse, ainda, que, na verdade, o objetivo do Homem dos Lobos era fazer o sinal "<", produzindo uma deformação sobre a deformação, mostrando que ele se sentia "menor" que Freud na transferência (Homem dos Lobos < Freud); há outro comentador que observou, em "V", a boca devoradora do lobo, uma boca invertida. Muito bizarro. Quase todas constituem operações que tentaram avaliar a situação de forma interpretativa. Em um caso clássico de neurose, até, seria possível o paciente entrar naquele tipo de associação, porque, desse modo, poderia produzir encadeamentos e associações desejantes. Porém, naquele caso, verifica-se uma extrapolação.

Plateia: As interpretações dos comentadores chamam ainda, muito mais atenção, pelo fato de que tanto o "W" quanto "V" foram produzidas por Freud, não pela fala do paciente. Foi Freud quem colocou o "W", nem foi o paciente quem produziu para receber interpretações.
Christian Dunker: Claro, muito bem notado. Esse cenário possibilita diversas leituras — aqui, entramos no jogo de leituras —, dentre as quais, uma que acho mais poética. Um dos tantos comentadores afirmou que, realmente, lia o "V", já que, segundo quem fala alemão, o som do "V" é a palavra dor. Simplesmente leitura, do mesmo modo como podemos ler "cavalo". Ao ler "cavalo", não estou dizendo que o animal relincha, nem que ele está olhando para mim meio torto, enfim, estou simplesmente lendo "cavalo". Reconhecer que o som do "V", equivale à palavra dor consiste em um bom exemplo de que existem interpretações e existem leituras, assim, o caso exemplificado seria uma leitura. Em suma, a solução implicaria em lidar com a produção discursiva ao modo de um sistema de escrita.

Plateia: (...) Há no desenho do caso algo como um passarinho, aquele desenhado como um "V" e lá aparecem as asas cortadas, depois as borboletas.

Christian Dunker: E o sonho foi produzido como uma alucinação visual, com compressão de pensamento que gerou a imagem de um "V" que abre e fecha.

Plateia: O que é o "V" que aparece como asas, que abre e fecha? Ele é da ordem da letra ou do significante?

Christian Dunker: Em primeiro lugar, uma alucinação. Todo sonho produz alucinações visuais. Em análise, quando contamos um sonho, há duas operações juntas. A primeira, a "significantização", na qual o paciente poderia ter dito que sonhou com um animal que se mexia e tudo mais. No caso, ele não precisou fazer isso naquela alucinação, com o abrir e o fechar, como as asas de uma Espe. A segunda operação, a interpretação, consiste em um vasto trabalho para reconstruir a engrenagem do sonho, a fim de devolvê-lo de forma invertida. Notem que esta operação é dispensável em alguns casos. Nesse panorama, existe o nível das imagens dos sonhos, usualmente desprezado quando se faz análise deles e no qual poderíamos nos manter. Não é novidade, já que essa era a crítica lacaniana dos anos 1950, quando sugeria que o real dos sonhos estava perdido e o que valia era o simbólico, o significante. No sonho freudiano da *trimetilamina*, deve-se se partir do valor significante, já que não vamos ver o real. Assim, trata-se de um discurso criado para neutralizar o excesso de interpretações.

Voltemos ao chinês. Até aqui, falamos, genericamente, das línguas orientais, por isso, agora, gostaria de fazer uma pequena síntese sobre o chinês, baseando-me em um trabalho fabuloso, de Serguei Eisenstein, cineasta soviético, escrito em 1929[52]. Esse autor afirma que, para pensar o cinema, devemos recorrer às línguas orientais. Para ele, um diretor faz um filme, assim como um chinês lê um ideograma, já que operações homólogas que distinguem a escuta da escrita. A analogia

---

52 Eisenstein, S (1929/1992). The Cinematographic Principle and the Ideogram". In: MAST, Gerald; Cohen, Marshall & BRAUDY, Leo (orgs.). *Film Theory and Criticism*. New York: Oxford University, p. 127-138.

apresenta-se no fato de o diretor rodar milhares de cenas e precisar escolher, recortar e desenhar o que foi filmado, a fim de produzir o material. Além disso, o diretor precisa ajustar a luz, o som, retirar uma série de coisas e incluir outras. Na reflexão, o mais interessante, é que Eisenstein (1929) disse que há quatro princípios de formação dos ideogramas, todos eles, da construção da linguagem cinematográfica e relacionados à história do desenvolvimento da escrita. Por exemplo, existe um tipo de ideograma — na verdade, 539 casos, segundo Eisenstein — que deriva da simplificação de desenhos, de ícones, conforme mostramos a seguir:

Ideograma, Anagrama, Diograma.

心 + 中 - 忠

coração   meio   lealdade

Observando-se as figuras, imaginem que, antigamente, o primeiro referia-se ao desenho de um cavalo, com olho, pata e crina. Ou seja, há uma relação de paridade com o objeto cavalo. Com o passar do tempo, os traços se reordenaram e se simplificaram — se é que isso é uma simplificação, eu prefiro o antigo cavalinho. Assim, consiste em um movimento para desenvolver a letra, que segue, como primeiro princípio, a simplicidade, visto que, quanto mais conciso, menor será o número de gestos a aplicar na criação do ideograma. A construção de ideogramas foi impulsionada, primeiro, com a chegada do pincel, depois, com o advento do papel, as circunstâncias materiais e objetivas do gesto de escrever.

O segundo princípio foi denominado, por Eisenstein (1929), de combinação conceitual-serial. Por exemplo, de *wespe* para *espe*, verifica-se uma simplificação, já que se reduz o número de traços. Porém, em se tratando do significante, teria havido uma condensação. Não confundir a condensação da letra como condensação do significante. Segue outro exemplo:

心 + 中 = 忠

coração + meio = lealdade

灰　灰　心　愁　火

cinzas　cinzas + coração　outono sobre coração　fogo
　　　　= desespero　　　 = sentir-se melancólico,
　　　　　　　　　　　　　 triste

Nessa figura, um é o coração, o outro, a cor cinza, combinação que resulta em desespero (Coração + Cinza = desespero). Assim, afirma-se que poderia ter qualquer significado e é nesse ponto que reside a diferença. Os ocidentais ficam preocupados com a lógica através da qual o conceito de coração combinará com o conceito de cinza. Esquecemos, porém, que se trata, apenas, de uma sobreposição de traços; ficamos preocupados em decifrar a lógica, ao invés de acrescentar um traço a mais, o que pode mudar tudo. No filme *O Segredo dos teus Olhos* o T E M O tornou-se T E A M O. Isso é outra temporalidade.

Plateia: A personagem vê e pergunta o que ele teme. Nisso, ele junta tudo.

Christian Dunker: Não exatamente. Ele só pôde juntar tudo, quando viu seu próprio fantasma com um recuo. Quando ele viu o sujeito preso a seu prisioneiro. Naquela cena, quem está preso? Imaginando que estão os dois amarrados naquele amor infernal, ele diz: "sou eu". Ver a cena de fora possui um valor de experiência, tem relação com o fantasma e isso permite conceber que falta uma letra. Há um vazio que estava lá sem ser notado e precisou ser recriado numa operação de leitura. No T E M O, enquanto significante, não há espaço vazio. É preciso criar um espaço para incluir o A.

Voltamos ao terceiro princípio da escrita chinesa, que vai para o cinema e, por sua vez, retorna à nossa operação de leitura sobre o contexto *borderline*. O exemplo abaixo consiste em um produto de uma expedição psicolinguística feita por Lev Vygotsky, nos anos 1920, na Rússia. A Revolução Russa abriu um universo de questões sobre as línguas, já que Uzbequistão, Turcomenistão, bem como outros países, falavam, cada um, uma língua particular. A primeira tradução da obra de Freud, para o russo, foi feita por Vygotsky. Vale destacar que a história apaga fatos e, hoje, estamos brigando com os construtivistas, mas tanto Lev Vygotsky quanto Jean Piaget foram muito interessados pela Psicanálise e traduziram muitas coisas. Nesse cenário, eles também fizeram a expedição, a fim de entender como funcionavam as línguas, as linguagens e a escrita. Numa aldeia do Cáucaso, pediram para uma criança desenhar um fogão. E ela desenhou algo assim:

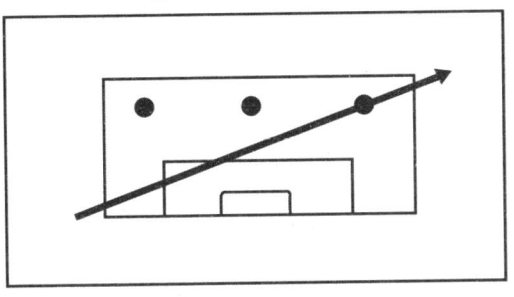

No desenho, ela representou as bocas do fogão, mas também um traço enorme na frente. Assim, perguntaram para a criança o que aquele traço representava e ela respondeu que era o fósforo. Vygotsky refletiu sobre aquela representação e concluiu ter lógica, afinal, para ela, o fósforo seria importante para a situação, pois, sem fósforo, não há fogo. O que a criança fez? Ampliou o fósforo, intensificando seu traço, de tal maneira a compor o desenho. A criança fez uma leitura do desenho? Nesse cenário, a leitura se realizou por meio do que foi definido, por Eisenstein, como Princípio da Decomposição do Acontecimento em Vários Planos ou Princípio da Desproporcionalidade entre Representação dos Elementos e sua Importância Relativa. Ele vem sendo praticado na clínica *borderline*. Recordo-me, até hoje, de uma cena clínica — naquele tempo em que se podia ilusionar que o quadro *borderline* não existia — de um caso que era muito tenso. O caso caminhava bem, até que, um dia, a paciente disse que não poderia continuar, pois tinha uma situação difícil de dinheiro, dizendo que queria muito vir, mas não poderia. Sugeri que ela pensasse em um valor mais baixo, mais adequado para a realidade dela, durante um tempo. A esta sugestão, obtive como resposta: "Você está me chamando de p..."? Ela pegou o dinheiro, rasgou, jogou pela sala, abriu a porta e bateu na minha cara. O que houve nessa situação? Havia algum elemento ali que era o "fósforo" mas eu não via. Não percebi que estava mergulhado em um barril de gasolina e ofereci a ela um fósforo. Vocês poderiam me consolar e dizer que isso jamais poderia ser previsto, mas não. Não se trata de previsão, mas do fato de que deixei de ler a situação clínica para tentar ajudar com a questão do dinheiro. Isso vai dar errado sempre.

Plateia: O que você quer dizer com "dar errado sempre"?

Christian Dunker: Sempre que um analista começa a se apiedar pela situação do paciente, ou começa a compreendê-lo demais, sem conjugar isso com o raciocínio clínico, vai dar errado sempre, afinal, você parou de escutá-lo.

O último princípio consiste na inversão entre o valor de elemento e o valor de função. Aquela, remete à pesquisa de João Felipe Domiciano, aqui presente, que trabalha com a análise dos primeiros textos de Lévi-Strauss, que mostra como Jacques Lacan teria influenciado o pensamento de Lévi-Strauss na sua origem, o que é uma novidade, pois sempre soubemos como Lévi-Strauss influenciou Lacan. No debate entre os dois, iniciou-se o uso da topologia, por meio de uma operação curiosa que toma um elemento como função e inverte as relações nas diferentes incidências do mito. Há outra cena do mito, tal como vimos em *A Carta Roubada*. Em outra cena da história, aquilo que tinha valor de função passa a ter valor de elemento. Rapidamente, por exemplo, no mito de *Édipo*, o nome Édipo constitui um elemento fundamental na história. Édipo, "pé inchado", Laio, o pai dele, "pé coxo", "pé que manca", portanto, o nome "pé" compreende uma recorrência dentro do mito, mas que funciona como elemento. Na segunda cena do mito, o valor de elemento é trocado pelo valor de função, assim, o "pé" passa a representar a superfície, o ponto de contato entre o embaixo da terra, de onde vem a esfinge e o por cima da terra, onde estão os humanos, as famílias, as relações de parentesco. Essa troca deve acontecer como fato de estrutura em qualquer mito, diz Lévi-Strauss. Essa concepção, analisada pelo estruturalismo, vai nos dar um princípio geral de organização do significante, no entanto há outras possibilidades de ler a ideia, a partir da lógica do conflito. Trata-se da tradução do conflito pelo universo do semblante e do desenho. Em alguns ideogramas, intuímos que há relações semânticas no jogo, completamente, imprevisíveis ou, no fundo, foram construídas por aqueles que estavam desenhando juntos naquele momento.

São Paulo, 29 de abril de 2010.
Instituto de Psicologia, USP.

4 - POR QUE NÃO TODA MULHER É HISTÉRICA?

Hoje, iniciaremos o *Capítulo VIII O homem, a mulher e a lógica*. Ao final, encontremos observações muito interessantes sobre a histeria. Meu plano tenta a retroação, nessa parte do seminário, de modo a fazer um pequeno balanço daquilo que Jacques Lacan estaria tentando introduzir sobre a histeria. Lembrando que a nossa pesquisa possui o olhar diagnóstico e, que este capítulo, como outros desse seminário, destaca uma passagem entre a *teoria dos discursos* e a *teoria da sexuação*. Considero central o que Lacan disse sobre tal aspecto da histeria.

4.1 - Não-toda mulher é histérica

O título, um pouco provocativo remete à questão: Por que não-toda mulher é histérica? A perspectiva mais comum sempre partiu das causas da histeria em uma mulher, por isso, proponho inverter a ideia e perguntar: Como algumas escapam da histeria? Na Psicanálise, tudo parece convergir para a histeria, chegando a parecer uma solução natural, quase um tratamento para a questão da feminilidade. Assim, lanço a hipótese mais geral de que a histeria seria uma forma de recusa da temática ou da subjetivação da feminilidade. A proposta conserva a noção do não-toda, que nos remete à lógica do não-todo, um desenvolvimento interno à *teoria da sexuação* em que se encontram o lado homem e o lado mulher. O não-todo consiste em uma invenção de Jacques Lacan, a aplicação da negação ao quantificador, o que traz consequências para a *teoria da lógica*, para a Psicanálise, para a *teoria da feminilidade*, já que fora introduzido como conceito para diferenciar a posição da mulher opondo-se à do homem.

Nesse panorama, nota-se, em primeiro lugar, que a concepção retratada pode ser escrita, ou seja, consiste em uma invenção de escrita de Jacques Lacan. Vimos falando sobre o assunto, do chinês, dos sistemas de escrita, inclusive, da forma como se preparou o texto *Lituraterra* para a escrita, o que termina como um salto, já que não se trata mais da escrita, no sentido literário, poético, mas sim, da escrita de uma lógica. Fica, no entanto, a pergunta sobre a estranha, mas criativa relação que será proposta entre a lógica e a poesia, especificamente, a poesia chinesa. O sistema de escrita chinês é quase que, espontaneamente, estruturado por efeitos poéticos.

A ideia de que *não-toda* mulher é histérica refere-se a um tipo de gozo, um gozo não fálico em oposição ao gozo fálico do homem. Essa experiência de gozo não fálico constitui a origem, aquilo que seria a matéria-prima da histeria. Ela compõe-se dessa espécie de impossível, de não assimilável, que é o gozo não fálico. Dessa ideia, reinterpretamos toda a discussão histórica feita, Psicanálise, sobre as relações entre a histeria e a falicização.

Leituras clássicas, como acusar a posição subjetiva de bancar o homem, a identificação ao falo, o fazer-se de falo, o sintoma conversivo ser tratado como um equivalente do falo, enfim, toda essa hiperinflação fálica, que domina a literatura sobre a histeria, deve ser entendida como um sintoma da recusa psíquica da falicização daquilo que, por natureza, é não-fálico. Em um esforço para descrever o gozo, e buscar um equivalente, em termos fálicos, é dizer que se trata de um gozo que não deriva da identidade, mas que depende da experiência, do não idêntico a si. Nesse panorama, deve-se pensar o operador fálico não só como um executor de identificações, mas também como um criador de identidades, de objetos, de linguagens, de desejo, de gozo.

A propriedade de não ser idêntico a si, de constituir uma experiência da não identidade é profundamente corrosiva para o ser humano, em geral. Todavia, particularmente, apresenta-se pior para a mulher, especificamente, para a tramitação e para a subjetivação da sua feminilidade. *Por que não toda mulher é histérica?* Uma pergunta e uma solução, na medida em que uma consegue se apreender no não-todo. Esta pergunta é passível de uma certa gramática, ou seja, passível de comparação com perguntas semelhantes. A primeira pergunta que dela se pode derivar seria a seguinte: *Por que nem toda mulher é histérica?* Para, inclusive, ressaltar a diferença entre o não-toda que se refere a um tipo de gozo e o "nem toda". "Nem toda" nos remete a um conjunto, o conjunto das mulheres. Entretanto a primeira pergunta destrói a noção de conjunto, não há "A mulher". Não há "A mulher", mas há as mulheres. Dentre as mulheres, existem as histéricas e as não histéricas, algumas são obsessivas, outras não são neuróticas. O assunto mudou do conjunto das mulheres para a intersecção das mulheres com a histeria.

Essa variação — as mulheres não histéricas — nos coloca diante do âmbito do particular, assim como não há "A mulher", no âmbito da fratura do universal, não tem universal. Haveria uma terceira variação gramatical da pergunta *Por que algumas mulheres não são histéricas?* Aqui, deve-se mudar o estatuto do conectivo, já que, de fato, as estruturas clínicas não constituem formas de essência, sim, modos de estar com o outro, de se relacionar com o outro, maneiras de se subjetivar e de se defender. São meios de resolver o estatuto do sujeito.

Com isso, pretendo mostrar que, claramente, existem três acepções de entendimento da histeria. Na primeira, verifica-se a definição mais genérica a partir da universalidade, ou seja, vemos a histeria como o protótipo da neurose, ela é a neurose. Na segunda, observam-se os tipos clínicos, constatando-se que o não histérico supõe, por um lado, a psicose e, por outro, a neurose obsessiva e a fobia. Além disso, ocorre a negação que converge para uma terceira acepção diagnóstica, que compreende o nível dos sintomas, já que nem todos os histéricos produzem sintomas, uma afirmação antiga de Freud, cujo princípio partia da noção de que o definitivo de uma estrutura não consiste na presença de sintomas, mas sim, na sua aptidão para construí-los, sua capacidade em termos de fracasso e de sucesso de recalcamento.

Por exemplo, já foi grande a discussão entre o fracasso e o sucesso do recalcamento quando da construção de um sintoma. Vários autores que vêm pesquisado sintomas na pós-modernidade, na psicopatologia contemporânea, têm advogado a ideia de que há uma dificuldade extra, pois, fazer um sintoma, talvez dependa de alguma estrutura cultural, de laços sociais, do campo social. Agir em sintoma já é uma grande solução, quando se compara a agir em angústia ou a expressões do fracasso, como, por exemplo, a depressão.

Esse dado tem interessado a muita gente, por isso, vale distinguir nosso problema em três níveis: o nível da estrutura (onde a histeria equivale à neurose), o nível dos tipos (em que histeria contrasta com neurose obsessiva e com fobia) e o nível dos sintomas (no qual a histeria opõe-se à depressão). É uma pesquisa muito agregadora e força a ampliar nosso entendimento clássico da formação de sintomas. Pensar isso com o campo social é, por exemplo, o trabalho da Joan Copjec, no livro *Imaginemos que la mujer no existe*[53]. Ela é uma autora da Escola Eslovena de Psicanálise, composta por sete ou oito autores, todos juntos, cabem dentro dessa sala e são pessoas que vêm contribuindo muito para a Psicanálise mundial, em condições muito improváveis. A Eslovênia saiu do comunismo há quinze anos e nos revelou que as pessoas, durante aquele período de depressão e reclusão, vinham agindo de forma bem interessante. De lá, vieram Slavoj Žižek e Renata Salecl, entre outros. Antes de fazer um próximo comentário, gostaria de apresentar uma síntese do que foi a discussão sobre a histeria na Psicanálise, desde Freud, até nossos tempos, para situar a importância dos três níveis diagnósticos e para incluir as questões que não são internas ao lacanismo — vocês sabem que eu tenho essa propensão.

4.2 - O Oriente e a experiência do vazio

Antes de passar à minha síntese, gostaria de ouvir nossa colega, Débora Tabacof, que nos acompanha há tempos no seminário. Ela possui um curioso trabalho com os *Reality Shows*, como "A Fazenda" e "Big Brother", operando com a variabilidade de problemas que emergem quando diferentes pessoas são colocadas dentro de uma casa, confinadas, umas contra as outras. É tudo muito artificial e de extremo desgaste psicológico. A Débora tem uma vasta experiência naquele tipo de contexto, mas também vem acompanhando, de perto, o budismo, por meio do qual, recentemente, teve contato com um lama que falou sobre o vazio, em suas conferências.

No nosso último encontro, discutimos que o estatuto da ausência, da falta e do vazio muda, completamente, quando estamos no registro do significante e no da letra. Isso interessa muito à nossa problemática, visto que a falta, no registro do significante, foi tematizada no conceito de falo. Pode-se comparar a falta, dentro do universo

---

53 Copjec, J. (2006). *Imaginemos que la mujer no existe*. Buenos Aires: Fondo de La Cultura Econômica.

significante, com a ausência de um livro na biblioteca, onde podemos constatar a falta do livro, ausência que consiste no princípio de organização de todos os livros. Não há uma natureza que defina que determinados livros estejam em seus lugares naturais, aliás, o que define os espaços das coisas é a própria lógica dos lugares, comandada pelo fato de poderem representar, no sistema, a ausência. Um livro não está naquele ponto, porque consigo observar onde os demais estão e, assim, posso formar o universo simbólico inteiro a partir disso.

Trata-se da experiência que Jacques Lacan sempre valorizou, relacionada à ausência e à presença do objeto metonímico no contato primário com a mãe. As trocas com a mãe, trocas de presença e de ausência tanto da mãe quanto dos objetos ligados a ela e às palavras dela, alimentam a dimensão lacaniana de que, em algum momento, a transição entre a ausência e a presença origina um símbolo que denota, na sua ausência, uma presença. Nesse contexto, o símbolo primordial é o falo. Aqui, podemos dizer que a mulher está às voltas com essa lógica de que há uma falta que remete ao falo, sendo que, na gramática da presença e ausência, se supõe que, com o falo, se faz tudo. Mas não é assim. Não se faz tudo, já que há uma zona de experiência não articulável, não simbolizável pelo operador fálico, justamente, a zona de experiência do gozo não fálico. Ele remete a outro registro de linguagem em que se coloca o problema, afinal, se o objetivo é divagar sobre o que está fora, faz-se necessário ampliar o entendimento sobre a linguagem, sobre como ela lida com a negatividade.

Naquele cenário, a letra pode falar de uma maneira diferente da negatividade, modo que consiste no vazio. Retorno ao nosso exemplo direto: do "T E M O" para o "T E A M O". Nessa operação, conta-se com o vazio, não, com a falta. Tem uma outra incidência da linguagem no espaço e no tempo, da linguagem como meio e como articulador das simbolizações.

Como vimos, a letra se insere no real e, o significante, no simbólico. Nesse panorama, para entender o real, é preciso entender o significado de vazio. A referência de onde Jacques Lacan extrai a noção de vazio não constitui a metafísica da finitude, por exemplo, trabalhada em Heidegger, que o ensino lacaniano até maneja com alguma graça. Ao contrário, ele a retira do Oriente, da poesia chinesa, de um pensamento que está marcado, desde sua origem, por propriedades gramaticais e pela não identidade. Vimos o problema que é entender um ideograma chinês, é quase um jogo de adivinhação. Então, Débora, diga-nos: O que é o vazio?

Débora Tabacof: Em primeiro lugar, fiquei instigada pela questão que o Christian trouxe, a de que o analista age como um mestre zen, justamente, em direção ao vazio. Concomitantemente, eu frequentava um curso que se chamava *O meteoro resplandecente que destrói as defesas como montanha de pedra do nosso ego*. Trata-se de um debate entre a sabedoria que realiza a não-essência do Eu e o conceito de agarramento ao Eu. O Lama Michel — que eu conheço desde criança — é brasileiro e, praticamente, desconhecido do público, malgrado tenha sido reconhecido como um lama. Ele sabe falar tibetano e é o único que tem acesso aos textos originais no Oriente.

Plateia: O lama Michel é de uma família judaica, conheço pessoalmente o pai dele, que também fala muito bem o tibetano.

Débora Tabacof: A diferença é que o Lama Michel aprendeu tibetano nas universidades monásticas e se tornou o único ocidental da história que é autorizado a entrar nos monastérios do Tibet. A primeira coisa que ele fala é que estamos acostumados a dizer que no budismo o Eu não existe, mas ele diz que o Eu existe, o que não existe é o Eu, tal como nós o concebemos, como algo inerente. Neste debate, aponta que o Eu sólido não existe, que o Eu é uma construção que deve ser superada e que o vazio é a direção para se fazer essa operação de relação consigo e com os demais.

Christian Dunker: Isso tudo é um programa declarado no ensino de Jacques Lacan.

Débora Tabacof: Na internet, tem disponível um texto chamado *Lacan e a arte zen do psicanalista*[54], de André Camargo Costa, que faz um relato das idas de Lacan ao Japão, em 1973. Eu vou retomar um tópico. Por que nós devemos fazer o difícil trabalho de ir em direção à sabedoria? Lama Michel diz que é por causa do sofrimento.

---
54 Costa, A. C (2005). *Lacan e a arte zen do psicanalista*. Disponível em: http://www2.uol.com.br/percurso/main/pcs34/34Costa.htm

Christian Dunker: Nesse caso, você está propondo uma sabedoria sem o Eu?
Débora Tabacof: Ele faz a seguinte questão: "se acreditarmos que não há Eu, então, quem é que está falando e quem está escutando"? O problema não é que não haja o Eu, a questão é que existe uma visão errônea da realidade. A maneira pela qual nós percebemos a realidade, com a influência de fenômenos, em si mesmos, está errada e o modo de superá-la não é se insere na linguagem. Aqui, entra o ponto em comum. Naquele texto, o autor afirma que, por meio da linguagem, aquilo que se experimenta na sua ausência. De acordo com as pesquisas de Elizabeth Roudinesco[55], a noção de vazio de Jacques Lacan foi extraída de Lao-Tsé e utilizada para definir o real na *teoria do nó-borromeano*.
Christian Dunker: O vazio é uma experiência do vazio ou uma circunstância do real? Ou, ainda, é uma condição possível para o Eu, para integrar o Eu?
Débora Tabacof: É uma realização na experiência de meditação, uma experiência intra-psíquica.
Christian Dunker: Então, teremos problemas para dizer que é uma experiência de linguagem.
Débora Tabacof: Não é uma experiência de linguagem, assim como o real não é uma experiência de linguagem.
Christian Dunker: Será que não é nem de escrita? Se você imaginar que a escrita, para Jacques Lacan, é também o corpo. O corpo escreve, o gesto escreve, o traço unário escreve, a marca sobre o corpo, a cicatriz. Uma das maneiras de definir o corpo seria compará-lo a uma máquina de escrever. Estou pensando no fato de que, na meditação, a tensão ao corpo, a postura e a ambiência são decisivas.
Débora Tabacof: Não saberia dizer, por que o meu convite para você era de alguém que tem realizado o vazio, pois é em termos de uma realização.
Christian Dunker: Então, como é?
Débora Tabacof: Seria a mesma coisa que você me pedir para descrever como é o real.
Christian Dunker: Estou pedindo, claro, um exercício de imaginação.
Débora Tabacof: Até onde eu alcanço, a questão possui o objeto,

---
55 Roudinesco, E. (1994). *Jacques Lacan: esboço de uma vida, história de um sistema de pensamento*. São Paulo: Companhia das Letras.

uma imputação do nome. O objeto não é o objeto, ele é uma imputação do nome e essa relação do sujeito, do Eu que observa, também é uma imputação.

Christian Dunker: Resta a pergunta: qual é a instância imputante?

Débora Tabacoff: De onde vem? Vem da estrutura. Qual a forma de meditar sobre o vazio? É você olhar o objeto e ter a noção de que aquele objeto não é aquilo tal como Eu o percebo.

Christian Dunker: É a ideia de que ele não forma identidade, não pode ser reduzido a sua identidade.

Débora Tabacoff: Porque, na realidade, o objeto é interdependente, então, a forma de você pensar é assim: este caderno é este caderno ou ele contempla "as folhas do caderno"? As folhas são as árvores que arrancamos. O vazio quer dizer que as coisas não teriam essa natureza inerente a elas mesmas.

Christian Dunker: Seria, por exemplo, pela falta do verbo ser? Vimos que, no chinês, não tem esse verbo. Seria uma prática consoante ou consequente de uma linguagem que, gramaticalmente, não permite o ser, permite "o sendo", "o acontecendo"?

Débora Tabacoff: É isso, mas também são as relações que criam o cruzamento interdependente. Há uma ligação interdependente entre os fenômenos.

Christian Dunker: Vamos ver se, no próximo semestre, quando Lama Michel estiver no Brasil, podemos chamá-lo aqui.

Débora Tabacoff: É interessante a prática, pois o método monástico principal é o debate. Eles decoram os textos e depois começa a discussão. Há a regra de saber antes. O debate, às vezes, ocorre entre um e muitos, com a ideia de desmontar o raciocínio, uma proposta de chegar ao vazio com lógica.

Plateia: Há também debates sobre a letra nas religiões. Por exemplo, há uma Torá escrita em preto no branco e outra, escrita em branco no preto. Um outro fato, muito interessante, é o de que uma mulher não pode escrever a Torá. Conheço uma, que é a primeira mulher a escrever aqui na América Latina.

Plateia: Eu estava pensando na ideia do inconsciente acidental de Juan-David Nasio no livro *Os olhos de Laura*[56]? Os olhos eram letra?

---

56 Nasio, J-D (2011). *Os olhos de Laura: somos todos loucos em algum recanto de nossas vidas*. (Trad. Claudia Berliner). Rio de Janeiro: Jorge Zahar.

Ele fica com a ideia de que os olhos chorando não são nada e que o inconsciente faz uma abertura e se fecha.

Christian Dunker: É uma ideia que se confronta com todos os esforços de Jacques Lacan de teorizar, de conceituar. Essa noção que você traz parece um pouco esquecida, talvez seja transmissível, de que o inconsciente é uma experiência que acontece no tempo, se dá em um encontro e não seria, propriamente, um sistema, uma forma simbólica, sim, uma experiência entre pessoas, dentro de uma análise. Esse é um tema meio sombreado no ensino lacaniano e, certamente, volta com a questão do oriental, do zen-budismo. Ele apareceu no *Seminário VII: A Ética da Psicanálise* (1959-60) e depois na suposição de um gozo não fálico. Porém ainda é necessária uma costura mais consistente sobre o conceito de experiência em Jacques Lacan. Na plateia, temos a querida Maria Letícia Reis que, em seu doutorado, irá pesquisar a noção de experiência, um conceito quase não comentado no ensino lacaniano. A experiência é algo que se dá não como representação.

Plateia: (...).

Christian Dunker: Há uma solução para o que você está colocando, imaginar o para-além da linguagem ou o para aquém da linguagem. Entretanto a solução de Jacques Lacan está na linguagem. Consiste no vazio que não é fora, não é anterior e nem posterior, mas está ali, na linha do comentário que fizemos sobre a distinção entre letra e significante. Não se trata de uma oposição do tipo, "ou tem um ou tem outro". Não é isso, aliás, vimos no caso do Homem dos Lobos, que as duas coisas se dão em conjunto e é a tática da escuta que fará desmembrar e fazer valer um ou outro.

Antes de prosseguir, aproveito para convidá-los a um debate promovido pelo Fórum do Campo Lacaniano-SP. Ele ocorrerá no espaço Contraponto e contará com a presença de uma pesquisadora e psicanalista muito importante do Rio de Janeiro, a Sonia Alberti, que tem publicado muitos textos sobre pesquisa em Psicanálise. A Sonia pertence ao departamento da UERJ, muito ligado à Saúde Mental, considerado o departamento universitário mais lacaniano do Brasil. Trata-se de uma equipe e todo um conjunto de professores que trabalham com o ensino lacaniano de uma forma importante. O evento se chama *O sintoma e seus discursos*. Em nosso seminário estamos falando da convergência do sintoma, da *teoria dos discursos* e da *teoria da sexuação*. Será um debate muito promissor, em termos da hipótese de pesquisa que venho compartilhando com vocês, sobre como tomar a *teoria dos discursos* no âmbito mais clínico, especificamente, com uma finalidade diagnóstica interventiva.

O mesmo debate já discuti com Sidi Askofaré, no ano passado. Nossa pergunta refere-se ao modo como pensamos uma clínica dos discursos. Claro que os discursos foram criados para o entendimento de certas matrizes sociais, institucionais, dentro de certo contexto francês e tudo isso. No entanto deve-se analisar como trazer essa discussão para o âmbito clínico. No que tange à clínica psicanalítica *stricto sensu*, bem como às situações clínicas onde o psicanalista precisa trabalhar com os discursos, por exemplo, quando está inserido em uma instituição, quando está em um acompanhamento terapêutico, penso em um cenário no qual o discurso, até, organiza a transferência. Tais questões serão levadas para Sônia Alberti nesse debate. Além disso, também os convido para o Ciclo de Cinema com Ana Lucília Rodrigues, que vai comentar o filme *Time*. Ana Lucília é a colega que anima nosso setor de pesquisa de interlocução entre Cinema e Psicanálise e estamos em tramitação, a fim de ocupar um pequeno espaço no museu Lasar Segall.

Voltemos ao tema. Provavelmente, não cumpriremos o que eu havia imaginado para hoje, por isso, serei um pouco errático.

4.3 - As quatro formas da histeria

Vale ressaltar que as três variantes da mesma pergunta implicam a incidência diferencial do ponto em que se nega algo: (1) Porque não-toda mulher é histérica? (2) Porque nem toda mulher é histérica e (3) Porque algumas mulheres não são histéricas?

Na primeira frase, a negação incide sobre o quantificador (universal ou existencial); já, na segunda, verifica-se uma negação que incide sobre uma função, a função do "é"; na terceira, trata-se de uma negação que incide sobre o argumento do não-todo. Para resumir: (1) Quantificador (2) Função (3) Argumento.

Imaginam-se, ainda, os valores que atendem ou não ao argumento, respondendo, ou não, à função. Nesse contexto, registra-se a hipótese que permite ler a hierarquia diagnóstica entre a estrutura, o tipo e o sintoma, respectivamente, como quantificador, como função e como argumento. Essa discussão vai ser desenvolvida no próximo encontro. Hoje, gostaria de apresentar o que ocorreu no universo da histeria, enquanto nós, lacanianos, dormíamos. Observa-se um retrato muito bem feito no livro *Histeria e psicanálise depois de Freud*[57], de Gustavo Ramos, de Campinas, o qual, porém recebeu uma crítica dirigida a ao fato de ser um livro sem tese, que não quer demonstrar nada. Entretanto, apesar disso, constitui uma excelente compilação dos textos principais sobre a histeria, desde o início do diagnóstico, até o ano 2.000, portanto, um trabalho gigantesco e muito útil que se torna, para nós, uma obra de referência sobre o tema.

Acompanhando um século de produções sobre a histeria, um artigo nos permitiria refazer o conjunto das análises, um artigo muito interessante, de uma autora chamada Elizabeth Zetzel, que publicou, em 1968, um artigo[58] com a denúncia da inflação do quadro histérico. Ela denunciava, já naquela época, uma extrapolação do uso do termo, já que vinham avaliando, como sintomas da histeria, quadros que nem sempre correspondiam àquele quadro. Assim, houve um desgaste do quadro clínico, uma banalização que quase acarretou uma inutilização do conceito de histeria, porque passou a servir para tudo. Talvez o mesmo problema vivemos hoje com a noção de depressão. Como antídoto para isso, a autora propõe reconhecer a existência de quatro histerias diferentes, que, talvez, se comuniquem, o que ela faz de modo muito divertido, inclusive, terminando o artigo com uma poesia dela no final.

O artigo é bem interessante, porque não propõe uma solução, mas constrói o problema. Assim, apresentam-se quatro formas de histeria. A autora comenta, primeiro, a boa e verdadeira histérica, aquela dos bons tempos, um caso em que teríamos um conflito edipiano genuíno. Ela se refere a esse dado de forma saudosista, até, afirmando que os pacientes não trazem mais, com tanta frequência, aquela identificação forte com o pai ou com a mãe. Nessa situação, ela define um conflito edipiano a três, mas, junto dele, verifica-se uma oscilação, uma

---

57 Ramos, G. A. (2008). *Histeria e Psicanálise depois de Freud*. Campinas: Unicamp.
58 Zetzel, E. (1968). *The so-called good hysteric*. International Journal of Psycho-Analysis,49, p. 256-260.

espécie de conflito secundário entre o pré-edipiano e o edipiano. Toda a questão da oralidade *versus* "falicidade". Nesse caso, as questões se reuniriam em uma problemática fundadora, a recusa da feminilidade. Quando Jacques Lacan propôs a leitura da recusa da feminilidade como fórmula sua, foi extremamente freudiano. Esse é o retrato, a síntese da histeria freudiana, a feminilidade recusada o tempo todo. Vemos, com clareza, o recalcamento, as formações transitórias de angústia, com os ataques histéricos, de um lado e sintomas transitórios, afirmação que se torna mais clara, quanto mais clara for a recusa da feminilidade. O artigo acrescenta um tipo de atitude — que não mais se vê com tanta frequência — a da *síndrome da bela indiferença*. De fato, a histeria clássica tinha toda uma atitude de entrada, inclusive, de entrada no dispositivo de tratamento marcada pela indiferença ao outro, revelada por "você não vai me curar", "você não entende", "você não sabe", atitude que, no entender da autora, teria mudado. Claro que ainda acontece, mas não mais como predominante.

A segunda forma de histeria, ela chama de as boas histéricas potenciais, as quais, se esforçarem um pouco, chegarão ao primeiro caso. A diferença é que ali, no primeiro caso, a histeria seria uma problemática sexual, já, no segundo, combinaria ou acrescentaria uma imaturidade egoica. Ideia notória, porque, se refletirmos bem, a histérica freudiana tem um ego extremamente forte, pensem em Dora e nas muitas outras que desafiavam Freud. Quase todas tinham uma atitude valente, forte. Atualmente, é comum vermos histéricas que se apresentam de uma forma contrária àquela, ou seja, histéricas infantilizadas, imaturas. A autora associa tal debilidade egoica à copresença de sintomas que não são tipicamente histéricos, afirmando que, no segundo tipo de quadro, temos conversões, bem como obsessões e fobias.

A combinação de sintomas também é descrita em alguns quadros freudianos. No texto *Um tipo de escolha de objeto* (1910), por exemplo, há uma mulher que está casada, o marido fica impotente e ela pensa que a impotência vai durar para sempre, pensamento a partir do qual desenvolve uma obsessão com a casa e tem ideias obsessivas ligadas à privação da maternidade. Nesse relato, ocorre a associação com um momento de crise narcísica que coloca o Ego para trabalhar, que o divide, o fraciona, mas, apesar disso, não faz conversões, não faz uma gravidez psicológica, ao contrário, faz uma crise de pânico, faz ideias obsessivas. Naquele quadro, a questão fundamental se localizaria entre o desamparo e a sedução, como se fosse uma versão do conflito edipiano sobre o qual se introduz o colorido, que é o desamparo, um desamparo sedutor. Ana Lucília Rodrigues mostrou como essa relação se apresentou enquanto recurso do cinema, por exemplo, com Marilyn Monroe e outras divas. Vemos uma transformação do imaginário sobre a feminilidade, posterior à Freud, e que ofereceu uma narrativa nova, a sedução através do fingindo de iniciante, de novata; não é bem a criança verdadeira, trata-se de um semblante de criança que se mostrará mestre do desejo. Elizabeth Zetzel (1968) afirma que temos, nessa ideia, uma volta sexualizada ao pai, como uma espécie de defesa contra a ameaça paterna.

No primeiro quadro — da boa e velha —, existe o pai sedutor, a sedução vem do outro, o pai que entra no quarto e ajuda a dormir, porém de modo excessivamente sedutor, próximo demais, em que pode invadir a qualquer momento. No segundo quadro — da histérica potencial —, ocorre uma instrumentalização reversa da sedução, é a histérica que se infantiliza, se coloca como uma criança, convocando o pai a uma sedução que não parece dele, aparece como uma indução da sedução no outro. É uma volta a mais na narrativa da sedução, que seria dada por essas boas histéricas potenciais.

O terceiro tipo — e a autora já não sabe mais se estamos na histeria ou fora dela, afinal, nem todas são histéricas — trata-se do tipo histéricas subjacentes ou de caráter histérico, nesses casos, reencontramos aquilo que Freud denominava de *neurose mista*. Alguns autores chamam-na de histeria comportamental. Assim, em qual consiste na principal característica do terceiro tipo? O fato de não apresentar sintomas histéricos. Não há conversão, não há ataques histéricos ou outros sintomas listados no "manual Freud 1.0". Não há nada disso, mas parece uma histeria, cujo ponto primordial seria a depressão. A partir dele, surge uma indagação, já que o sintoma depressivo não é patognomônico da histeria, então, o que faz ali? Ele veio de fora ou veio de dentro? Assim, o conflito estaria entre a formação de sintomas e a absorção do conflito por parte do caráter. Aqui, a característica principal seria o rebaixamento da auto-estima, a paciente, cronicamente, retornaria à reclamação de que ela vale menos, mais do que um rebaixamento ocasional, tal como é na depressão, seria uma forma de vida, onde os laços, as trocas e todas as expectativas desejantes, estariam baseadas naquele ponto de retorno. Outro traço que a autora liga ao terceiro tipo é a idealização. Ao contrário dos outros dois casos, que são personalidades realistas, a Madame Bovary do terceiro caso sofreria de uma espécie de excesso contínuo de sobrevalorização do objeto (*überschätzung*).

Sigmund Freud já havia notado a estranha propriedade que o objeto amado possui, de induzir a uma cegueira lógica e à debilidade do juízo. Por que devemos ter muito cuidado quando nos apaixonarmos? Porque, quando isso acontece, nos debilitamos, corrompemos os departamentos críticos e fazemos, em troca, uma *überschätzung* do objeto – um "superchato"[59] objeto, para fazer uma tradução chinesa. Para Freud, já nos *Três ensaios sobre a sexualidade* (1905), a supervalorização já remetia à fonte da autoridade, seria o ponto mais antigo de como a autoridade se forma em alguém. Como se constrói autoridade? Cria-se por idealização. Vejam como combina, de um lado, a idealização do objeto — um aumento das bordas do buraco — de outro, a estima sobre o Eu se afunda cada vez mais. Essa operação não cria um verdadeiro sintoma, pois vira uma forma de vida. Qual o tratamento para esse quadro? Se destruirmos a depressão, vamos ter um quadro de angústia. Outra saída, poderia estar na inflação do Eu, mas isso não vai terminar bem nunca, visto que, quanto mais se inflaciona o Eu, mais ele tem energia para *überschätzung* do objeto, mais ainda, ele se mostra impotente para identificar o sujeito.

O quarto e último tipo, constituiria o *pseudo-edípico* ou *pseudo-genital*. A verdadeira *falsa histérica*, a qual cruzou o limite e que, talvez em outros tempos, fosse chamada de *psicose histérica*, de *loucura histérica*, caracterizada por um exagero de sintomas. Esse quarto tipo faz sintomas coloridos, muitos que se trocam e implicam dissociações importantes. Uma novidade significativa consiste no fato de que a problemática central passaria pela agressividade e pela raiva. Tipos histéricos vingativos. Conhecem algum? A vingança vai até o final, arranca não só o dinheiro, mas os filhos, os netos, a reputação e tudo, há uma completa devastação do outro. Esse tipo se caracteriza-

---

59 Nota de rodapé: chiste que joga com a assonância de "über" (super) "com "schätzung" (estimação) gerando a expressão "superchato".

ria por uma transferência intensa, exagerada e erótica, definida por um conflito entre esquizoidia e narcisismo. Desse grupo surgiu toda a problemática entre as relações da histeria e o quadro *borderline*. Esquizoidia *versus* narcisismos, isso oferece um panorama de histéricas atuantes, quadro no qual devemos pensar o conceito de *Verleugnug* — a denegação e desmentido. Aconteceria, nesse grupo da histeria, não só uma recusa simbólica feita por meios simbólicos, mas também na dimensão do imaginário, da percepção.

Naqueles casos, encontramos alucinações negativas, principalmente, "a-percepções" do próprio corpo, negação da percepção em que partes do corpo são desconsideradas. Não é que são simbolizadas historicamente, como no caso de uma conversão, ou que ficam anestésicas ou hiper-intensas, mas consistem em pontos vazios, ausências no próprio corpo. Nesse contexto, a ligação que aquela autora faz, clinicamente muito pertinente, é a de que esse tipo de histeria possui sintomas psicossomáticos como infecções urinárias recorrentes, dores de cabeça, enfim, não conversões, sim, somatizações.

1. "Verdadeira e boa histérica"	• recalcamento • pré-edipiano x edipiano • oralidade x facilidade • dependência x inveja • pai sedutor • problemática sexual • recusa da feminilidade
1. "Boas histéricas potenciais"	• imaturidade egóica • copresença de sintomas histéricos, conversões, obsessões e fobias • desamparo x sedução (versão do conflito edípico) • volta sexualizada ao pai x ameaça materna
1. "Histérica subjacente" ou "caráter histérico"	• não faz sintomas • sintomas x absorção do conflito pelo caráter • idealização do objetivo

1. Pseudo-edípico" ou "pseudo-genital"	• sinomas floridos • agressividade, raiva • transferência intensa, erótica • esquizoferencia x narcisismo • verleugnung • alucinações negativas • sintomas psicossomáticos

Plateia: Onde se localizaria a dissociação histérica?

Christian Dunker: Na "verdadeira e boa", mas também nesse último quadro pseudo-edípico, em que a dissociação aparece como fundamental, tornando-se mais visível, mais escancarada. Verificam-se, também, duas síndromes específicas, uma da "verdadeira e boa histérica" e, outra, específica daquele. Nesse caso, trata-se de uma síndrome que, inclusive, aparece no DSM, chamada de *Síndrome de Briquet*. Briquet estudou a histeria antes de Charcot, e definiu assim a síndrome: "um transtorno somatoforme marcado pelo dramatismo, pela ingratidão, pela frivolidade, pela promiscuidade e pelo pouco ajustamento social, associado com formações psicossomáticas, gastrointestinais, urinárias e dores". Sendo assim, uma boa estratégia, para desenvolver diagnóstico diferencial com a psicose, constitui a busca por aquela definição, já que, todo o resto, se confunde um pouco. Nesse sentido, em um funcionamento muito descompensado, com dissociação como defesa fundamental, tem-se a psicose; contudo devemos nos perguntar onde estão as *Verleugnung* no corpo? Se elas existirem, ponto para a neurose, ponto para a histeria de quarto grau. A autora propõe outra síndrome, mais uma sagacidade clínica genial, a *Síndrome do noivo Canadense* caracterizada pela seguinte lógica: "ninguém que eu desejaria que me quisesse, me quer; se me quer, então eu não quero". Bom, muito parecido com aquela história de "não seria sócio de um clube que me aceitasse como sócio". Encontra-se uma solução para este conflito em uma piada, justamente, a do noivo canadense. O noivo canadense é aquele que vai voltar daqui quinze anos, um bom jeito de tê-lo sem tê-lo, perspectiva fundamental para manter a problemática da imaturidade, da transição, visto que, se ele volta somente em quinze anos, então, enquanto ela espera, vai crescendo, vai se fortalecendo, enfim.

Plateia: Há pacientes que chegam e não há resultados de exames que mostrem a doença em si. Isso se enquadraria nesse caso?

Christian Dunker: Há muitas situações em que a diagnóstica não é conclusiva. Quem trabalha em hospital, sabe disso. Quando os médicos não conseguem fechar o diagnóstico, então, mandam para a Psicologia, pois deve ser algo de outro mundo. Às vezes, essa interação cria resultados indesejáveis, em suas especificidades, já que, nessa discussão, não é qualquer apresentação clínica que se encaixa. Nessa conjuntura, àqueles tipos, poderíamos acrescentar a psoríase, o vitiligo, a retocolite ulcerativa, ou seja, formações mais ou menos típicas, nada que ninguém, na área médica, tenha deixado de ver, já que, muitas vezes, ocorrem dores pelo corpo, como a fibromialgia.

Plateia: E a *Síndrome de Munchausen*?

Christian Dunker: Munchausen era um personagem do folclore alemão, que fazia coisas impossíveis, um barão, uma espécie de Dom Quixote, do século XIX. Ele caía com o cavalo dentro de uma areia movediça, se puxava pelos próprios cabelos e saía da areia. Terry Gilliam fez um filme sobre o barão de Munchausen, personagem que dá origem a uma série de síndromes baseadas na invenção. Assim, trata-se de pacientes que imitam, constroem sintomas, se automutilam, ingerem veneno, tudo, para se apresentar como um enigma à medicina e aos médicos, de tal forma, que a vida do sujeito se resume a isso. Os pacientes com aquela síndrome afirmam que ninguém descobre o que eles têm, ao mesmo tempo em que vão produzindo ativamente a doença, causando, em si mesmos, a doença. Podemos dizer que é uma falsa doença? Não, não é, afinal, a pessoa se corta. Vemos um exagero dos sintomas floridos, da indução e do uso do corpo associado à dissociação altíssima.

Plateia: Mesmo quando a doença ocorre por procuração? Seria uma perversão ou ainda seria histeria?

Christian Dunker: A *Síndrome de Münchhausen por Procuração* refere-se à indução da doença em uma criança, fato, ainda inserido no campo da histeria. Sua questão foi bem colocada, pois a *Verleugnung* compreende o processo defensivo que associamos com a perversão e, por isso, começa a ficar com cara de perversão. Estou apenas colocando o problema hoje, já percebi que o programa inicial se perdeu, então, no próximo encontro, retomamos isso. Vamos agrupar as quatro condições e juntar com as três dimensões diagnósticas. De qualquer forma, tanto a *Síndrome de Münchhausen por Procuração*, quanto a *Síndrome de Ganser*, entrariam como casos limites, de modo a questionarmos "será que ainda é histeria ou seria outra coisa?" Nem toda mulher é histérica. Existe um limite para isso. Algumas mulheres não estão histéricas. Ou estariam menos ou mais histéricas? Alguns autores norte-americanos chamam de neurose histérica da pós-modernidade algo chamado de *histeroparanóia*, que já é um quadro descritivo, apesar de não ser possível precisar como neurose ou psicose, consiste em um diagnóstico DSM.

Plateia: Na clínica, tenho, hoje, como nunca tive, muitas pacientes que me indagam se é uma histeria ou uma perversão.
Christian Dunker: Sim, há mulheres maldosas demais. Nesse cenário, talvez tenha uma maneira de entender esse fenômeno através da obra de Jacques Lacan. No texto *Os Complexos Familiares* (1938), ele desenvolve a tese de que as mudanças no laço social devem provocar, cada vez menos, neuroses de transferência e, cada vez mais, neuroses de caráter. Assim, voltei ao texto *Intervenções sobre a transferência* (1951), a fim de retomar a leitura que Jacques Lacan fez do caso *Dora*. Desse resgate surgiu uma primeira ideia que apresentarei a vocês: existem diferentes ângulos para abordar a histeria na obra lacaniana. Um primeiro ângulo, muito visível, consiste na noção de que a histérica se define, estruturalmente, por uma questão: o que quer uma mulher? Ela se define pela via da feminilidade. Por outro lado, deve-se pensar se o que Jacques Lacan denomina de "discurso da histérica", estaria próximo das "boas histéricas potenciais", aquelas que, realmente, precisam de um mestre para agir. Há, ainda, outro ângulo, que diz respeito, não aos discursos, nem à questão estrutural da histeria, mas sim, à identificação histérica. O número de vezes em que Jacques Lacan volta ao tema nem se conta. Ele relê e revira *o sonho da bela açougueira* muitas vezes, algo, absolutamente, incomum. Se alguém pesquisasse, veria que constitui um tema que aparece aposto

na maioria dos seminários, ao qual Jacques Lacan sempre volta, não propriamente em torno da histeria, mas sim, da identificação histérica. Consiste em uma questão clínica que ele não consegue integrar ao resto dos temas, que não consegue compatibilizar com o resto das teorias das identificações, o que representa um problema em sua obra. Além disso, há outro ângulo sob o qual Jacques Lacan fala da histeria, o desejo, não o desejo da histérica, mas o desejo histérico, o clássico *o desejo do desejo do outro*. Será que poderíamos pensar uma associação dessas entre os grupos clínicos?

O artigo mencionado mostra que outras psicanálises debateram muito a questão da histeria, pois reconheceram que há uma multiplicidade delas. Houve, até, tentativa de criar uma teoria unificada da histeria, assim, dois congressos aconteceram, um, no México, em 1973, outro, em Lisboa, na década de 1980. Esse contexto mostra que há consequências graves para a sustentação da Psicopatologia Psicanalítica. Quando vamos falar com um psiquiatra, não existe a conversa do subtipo do subtipo, isso não existe para eles. Ou é uma histeria ou não é. Se não for, quais as outras opções? A partir dessa constatação, percebe-se que, realmente, não usamos, com precisão, a categoria da histeria, o que nos complica muito. A imprecisão complica pesquisas, a sustentação da ideia em ambientes institucionais e a forma de direcionar a cura. Afinal, será que aquelas distinções não nos facultariam escutas diferenciais?

Plateia: Se colocarmos todos os subtipos verificáveis, daqui a pouco, estaremos com um quadro de toda a psicopatologia aqui, um vale-tudo, como delimitar?
Christian Dunker: Será? Você está dizendo que é um mapa tão grande que incluiu tudo.

Plateia: Sim, estou dizendo que, por exemplo, recentemente, vi uma discussão sobre o caso *Aimeé*, na qual se começou a questionar se era mesmo uma psicose, depois se era uma crise de angústia e nisso vão forçando. E aí? Cairia na histeria como limitadora?
Christian Dunker: Sim, compreendo o que você está falando. Houve duas grandes tentativas de unificar a histeria, que não deram certo,

talvez, justamente, por isso, por um alargamento demasiado de fronteiras. Recentemente, recebemos, aqui na universidade, o colega e professor, Philippe Van Haute. Ele parte da tese de que estaríamos acostumados a ler o caso *Dora* com uma viseira diagnóstica e que, aquilo que Sigmund Freud definiu como histeria, consistia em um quadro distinto. Advoga, Van Haute, que a histeria compreenderia, na obra do jovem Freud, uma espécie de metadiagnóstico, por isso, dentro da histeria, estariam reunidas a paranoia, a neurose obsessiva, a perversão e a neurastenia como condições derivadas. Ele tenta formar uma espécie de superquadro, posto que, ao entendê-lo, seria possível compreender todos os demais. Como se a psicopatologia psicanalítica fosse toda dedutível da histeria, por isso, você tem razão. Ou seja, por vias contrárias ao que você estava querendo sugerir, esse panorama nos conecta com todos os grupos e subgrupos, como se a histeria fosse um axioma psicopatológico da Psicanálise.

São Paulo, 06 de maio de 2010.
Instituto de Psicologia, USP.

5 - CULTURA PÓS-MODERNA E HISTERIA MASCULINA

Continuaremos na questão da histeria, mas vamos comprimir duas temáticas, a histeria masculina e a cultura pós-moderna. Constata--se, atualmente, entre autores brasileiros e teóricos da cultura, que trabalham com a Psicanálise, um aumento da histeria em homens, portanto, a histeria, sempre associada ao feminino, se democratizou e se expandiu. Assim, surgiu certa curiosidade em saber o que teria acontecido para que tantas demandas de tratamento venham se concretizando com foco na histeria masculina. Nessa direção, existe um argumento difuso, genérico, o qual supõe que aquela expansão decorre de um processo vasto que atravessaria a cultura. Nossa primeira tarefa será caracterizar a pós-modernidade como uma configuração cultural, que tem relação com a lógica da reprodução e da transmissão. Reprodução, uma noção marxista, e, transmissão, uma concepção psicológica do patrimônio simbólico de cultura.

A raiz latina da palavra cultura, *colere*, se refere ao ato de plantar e de cuidar de plantas, em uma grande metáfora do plantio, da fertilização, do subsolo, mas também se refere àquilo que, do plantio, se guarda, daí, a ideia de celeiro e de cultivo. Assim, a cultura parte de elementos simbólicos que se vão cultivando de geração em geração, portanto, um processo de simbolização. Nesse panorama, a modernidade consiste em um conceito bastante difuso, bem como midiático, às vezes, difícil de precisar, porém bem expresso por autores que dão consistência àquela categoria. A pós-modernidade nasce como categoria, como uma tentativa de interpretar o que veio a ser a modernidade. Perry Anderson é um autor muito interessante que contribuiu para isso. A pós-modernidade nasceu quase como uma tentativa de classificação de gênero, de classificação de discursos literários e, depois, migrou para se transformar em uma forma de entendimento meta-interpretativo.

Nessa conjuntura, o laço social remete a outro entendimento, difere da prática de transmissão cultural, uma divergência pouco valorizada pelos comentadores, mas, frequentemente, apresentada na obra de Jacques Lacan. Os trajetos da cultura e dos laços sociais são divergentes, aliás, constituem dois processos que quase se interceptam. Há regras e exigências diferentes, que, no seu funcionamento articulado em conjunto, formam o que Freud chamava de processo civilizatório, por isso, a dificuldade de traduzir O Mal-estar na civilização (1930). Na tradução francesa, trata-se de civilização; na alemã, remete mais à ideia de cultura, estando mais próxima da palavra Bildung. Além disso, pode-se traduzir por sociedade, em cuja concepção inserem-se os laços sociais, incluindo, não só as regras de reprodução, mas também o sistema de produção. A fim de compreender o laço social, primariamente, é importante entender as condições de produção, portanto, a economia. Nesse panorama, o mais interessante é observar que a *teoria dos discursos* foi a maneira encontrada por Jacques Lacan de reunir todas aquelas dimensões.

Assim, a *teoria dos discursos* trata do laço social, definido a partir do gozo, da impossibilidade do gozo ou do obstáculo que dificulta, ao laço social, completar o seu horizonte: educar, desejar, governar — formas de laço. Eles podem definir-se a partir do que conseguem fazer ou a partir de um ponto de impossibilidade, no qual se articularia o gozo. Os quatro discursos — do analista, do mestre, da histeria, do universitário — compreendem formas de laço social, mas também de estabelecer o fracasso do laço social, maneiras de descrever como aquele laço possui um ponto de precariedade. Também, dentro da *teoria dos discursos*, Jacques Lacan introduziu a noção de gozo transformando-a em "mais de gozar" juntando à *mais valia*, uma propriedade da produção.

Nesse cenário, a *mais valia* acontece nas relações de produção, a partir da divisão social do trabalho e da expropriação dos meios de produção, bem como na relação de venda da força de trabalho em um sistema, o mercado. Dentro da noção de *mais valia*, pressupõem-se mercados de bens, de serviços, uma economia de trocas. Desse modo, entre a *mais valia* e o gozo, apresenta-se conceito fundamental, o de *objeto a*.

Esse conceito, tão difícil e, por isso, tão reformulado no ensino lacaniano, pode ser compreendido a partir do fato de que o *objeto a* consiste em fato sólido, que não se troca, que resiste à plena inscrição dentro do sistema de produção. Dessa forma, por um lado, o *objeto a* representa uma objeção à completude do gozo; por outro, a condição para outra forma, a *mais valia*. O objeto *a*, ele mesmo, enquanto elemento do discurso, não pode ser trocado, assim como não pode ser imaginado, já que não tem uma imagem fixa permanente. Mesmo quando se pensa no fetiche, trata-se de uma fixação parcial, incompleta, mentirosa, uma fixação que faz semblante de objeto, mas não é o objeto. Assim, o *objeto a* se coloca como um obstáculo, uma objeção, portanto, que inviabiliza trocas. O *objeto a* pode ceder-se, eventualmente, compartilhar-se em uma montagem fantasmática, mimetizar--se, no entanto não se pode trocar. A partir dessa reflexão, infere-se o objeto a como, ao menos, uma hipótese para explicar o mistério da troca, segundo a ideia de organização do outro, em si, o mercado.

Como se produz a riqueza? Como é que, a partir de trocas, dentro de um sistema finito, se produziria um "a mais" que ultrapassaria o sistema? Esse "a mais" também se chama capital e aquela é sua explicação econômica. Jacques Lacan trouxe essa conjuntura para a Psicanálise, parasitando o conceito e encontrando uma espécie de homólogo do conceito, dizendo que o ingrediente mágico, multiplicador, consiste na causa. Afinal, no que consiste a causa do mercado? O lucro é a multiplicação mágica que aparece como efeito das trocas. Assim, ao introduzir a noção de discurso, Jacques Lacan tenta aproximar o laço social, atrelado à cultura, ao lugar do saber na cultura, por isso, podemos definir a noção de discurso como regime de cuidado e de transmissão do saber para o qual os objetos materiais e os objetos simbólicos veiculam-se. Nesse cenário, a cultura consiste em uma rede de passagem e de transmissão do saber. Qual é, neste contexto, a reflexão que poderia estar representada pela ideia de pós-modernidade? Para responder, devemos olhar aos autores oriundos, principalmente, da literatura, por exemplo, trazer discussões complexas sobre o papel de James Joyce e de Samuel Beckett na história da literatura.

5.1 - Queda das grandes narrativas
Importa-se, essa discussão, para o entendimento mais amplo da cultura, não só da cultura literária, mas também para o entendimento do laço social, principalmente, a partir da leitura de um filósofo francês, Jean-François Lyotard, o qual escreveu, na década de

1970, o livro *A condição pós-moderna*⁶⁰. Nesse livro, mostra-se que a discussão do papel dos autores constituía a ponta de um iceberg na literatura, já que se registrava uma mudança de estatuto na literatura dentro da cultura, cujo fenômeno mais importante era a mudança do papel social da linguagem. François Lyotard é um pensador complexo, já escreveu um livro sobre Psicanálise, fabuloso, outro, sobre literatura e, outro, sobre sociologia; ele foi fenomenólogo na juventude. Apesar de grande pensador, ficou meio encantando pela onda pós-moderna, o que tornou nebuloso o julgamento da especificidade proposta por ele. No argumento, ele usa noções de origens distintas. Uma das noções sugere que os laços de linguagens não mais se referem às "grandes narrativas". Foi ele quem introduziu o tema das narrativas, aspecto chave da pós-modernidade. O que acontece na nossa época? As narrativas estão encurtando. Nossas histórias, por sua vez, cada vez mais curtas, mais breves, muito mais orientadas para "o conto" do que para *Guerra e Paz*⁶¹ ou *Madame Bovary*⁶². Por exemplo, não existe mais o levar aquele calhamaço épico debaixo do braço que costumava garantir as férias do primeiro ao último dia. Inclusive, nesse sentido, observa-se a repercussão e a inclusão da literatura oriental, japonesa ou chinesa, no atual momento, visto que, para nós, em tese, o Haikai possui a estrutura de um conto, é breve e contém ideogramas. Assim, existe alguma possibilidade de *Ana Karenina*⁶³ ser escrito em chinês? Seria impossível, não daria.

Tudo isso para dizer que a ideia de Lyotard sobre a queda das "grandes narrativas" não tem relação exclusiva com a literatura; a literatura seria apenas o lugar onde isso foi percebido. O que François Lyotard chama de grande narrativa é, por exemplo, a alteração vivenciada na relação com o trabalho. Nós que no fundo já nascemos em um outro estado de coisas não conseguimos entender muito bem o que era alguém, há 50 anos, com um emprego público ou com um cargo em uma multinacional. A história da vida da pessoa era

---

60 Lyotard, F. (2010). *A condição pós-moderna*. São Paulo: José Olympio.
61 Tolstói, L. (1865-69/2011). *Guerra e Paz*. São Paulo: Cosac & Naify.
62 Flaubert, G. (1857/2014). *Madame Bovary*. (Trad. Herculano Villas Boas). São Paulo: Martin Claret.
63 Tolstói, L. (1877/2005). *Ana Karenina*. São Paulo: Cosac & Naify.

a história da vida dela naquele trabalho. O trabalho era a mãe e era o pai. A vida cotidiana estava toda organizada em torno do trabalho, as famílias se ligavam às empresas, era praticamente impossível que a história de uma vida não fosse contada assim: "Aos 18 anos entrei nesta firma, mas um dia fiz um grande movimento, fui para outra empresa e depois me aposentei, é claro". Duas empresas já eram muito para uma vida só. A concepção de que a história de uma vida se confunde com a história da vida no trabalho foi totalmente transformada. Uma grande demonstração da tese de Jean-François Lyotard está contida no livro *A corrosão do caráter*[64], de Richard Sennett. Constitui trabalho que aborda uma dimensão muito importante da vida de nossos pacientes, já que, usualmente, os pacientes relatam suas questões a partir de suas relações com o trabalho.

Por isso, esse livro é obrigatório, um estudo muito divertido. No começo do livro, o autor relata que estava em um bar de Nova York quando nota, ao lado dele, uma mesa de executivos da IBM. Na crise, muitos profissionais começaram a ser demitidos. Assim, o estudo acompanha, ao longo dos anos, um processo de subjetivação da própria história, mas também, de transformação da própria história. Imaginem o que era trabalhar na IBM! Era uma espécie de sonho de sucesso, uma das últimas representantes da grande narrativa do trabalho. Richard Sennett notou que, no começo da vida longe do trabalho, o sujeito ressente-se, sentimento no qual externava uma ligação identitária clássica com a vida no trabalho. Passado o tempo, o sujeito começa a compreender que, quem está parado no tempo, é ele, não, a IBM. Assim, antevê que a vida do trabalho virou uma relação em que não existe mais fidelidade, mas, sim, de predação, estabelecendo-se um relacionamento antagônico, do tipo "você me usa, eu te uso e nosso laço está baseado na produção e na utilidade mútua. Se você não conseguir provar sua unidade de valor a cada semana, você estará fora e será substituído por outro".

Richard Sennett mostra como aquela mudança provocou um processo de encurtamento do nosso horizonte de vida, da nossa capacidade de imaginar alguma extensão maior para ela. Passando do trabalho para a outra esfera, ele apresenta um fenômeno semelhante na vida amorosa. Como era no pré-guerra? Nesse período, o sujeito tinha

---

64 Sennett, R. (2004). *A corrosão do caráter*. São Paulo: Record.

um único grande lance na vida: "Nossa, você casou!" Podemos alternar a narrativa, porém a estrutura IBM é a mesma, porque representa o mesmo laço de confiança, a mesma proposta de horizonte comum. O que autores como Richard Sennett e Zygmunt Bauman nos mostram? Que as relações amorosas passaram a ter, em primeiro lugar, um encurtamento da narrativa e, em segundo, uma mudança dramática. Assim, não existe mais a grande epopeia, a grande aventura da vida, com longos capítulos. A vida amorosa passou a ter uma estrutura de encontros, que podem durar mais, mas sem profundidade. As regras da relação, o que irá acontecer, insere-se naquele encontro; o sujeito pode tentar forçar um segundo encontro e tentar dar outro passo, mas, em um deles, cairá no vazio. Compare isso com a confiança que o sujeito tinha no casamento há cinquenta. Era a grande expectativa da vida. Assim como ele deveria construir uma carreira, tinha que instituir um casamento, uma vida comum, concepção alterada para a atual gramática de encontros e desencontros. Nela, há pessoas que gostam de desencontrar as outras, pessoas que gostam de não estar junto a alguém, ao mesmo tempo, existem novas formas de estar junto, por exemplo, por meio do torpedo ou do e-mail. Desse modo, incorpora-se a indeterminação aos laços amorosos.

Se mudarmos a chave para a política, tal mudança de comportamento também se torna um grande tema. Antes, havia grandes homens preocupados com a construção da nação. Hoje, não, temos que pensar já na próxima eleição, se estivermos vivos até lá, afinal, precisamos de uma imagem que se sustente para o próximo contexto, para o próximo encontro. Nesse sentido, ocorre uma segmentação de projetos na política, consequentemente, do espaço público, o qual se transforma em um conjunto, cada vez mais, mapeado por encontros frívolos. Assim, ao invés de espaços de comum habitação, tornam-se uma espécie de guerra por ocupação, por apropriação.

Plateia: Também não tem mais a ideia de povo, tem a ideia de minorias.
Christian Dunker: Exato. Esse é o lado complementar. Não há uma grande narrativa que abarca conjuntos cada vez maiores e englobáveis de interesses, porque, mais curtos, mais circunstanciais, portanto, mais objetiváveis.

Plateia: Entraria a clínica?
Christian Dunker: Sim. Essas esferas compreendem retratos possíveis das articulações de desejo, são transformações das formas desejantes. Não podemos dizer que é um novo desejo, mas sim, um desejo posto em novos suportes. Isso tem a ver com a clínica psicanalítica. Qual era o grande tema por trás da reclassificação da histeria, que vimos no último encontro? Esse assunto chegou ao Brasil de uma forma completamente diferente, mas, na época, tratava-se de uma crise na Psicanálise, dos anos 1970 e 1980. Qual era a crise? Era o fato de que as pessoas — vejam só, que coisa incrível — não estavam mais querendo fazer análise quatro ou cinco vezes por semana, nem se lançar, reciprocamente, em um processo de formação caro e longo, elas já não queriam aquela grande narrativa.

Outra esfera que poderíamos incluir consiste na ideia de formação, que sempre esteve muito ligada à Psicanálise. Você quer ir para a Psicanálise? Então, vai estudar muito, vai passar a vida pensando, lendo e indo a congressos. Tanto isso é verdade, que temos uma dificuldade social de nos justificarmos, as pessoas perguntam por que nós ficamos lendo e nos reunindo e lendo de novo. Elas cobram também, pois o sujeito já fez sua faculdade, já foi a alguns congressos, já estudou, então, será que não está na hora de ir trabalhar e ganhar dinheiro? Os maridos, as esposas e os mais próximos acham tudo isso cada vez mais estranho, afinal, estamos em uma época na qual a noção de que o sujeito deve escrever um livro, só com 60 anos, foi abolida; hoje, se o sujeito não publicar dois artigos medianos, em um ano, está fora do circuito.

Plateia: O corpo poderia ser visto nessa perspectiva também?
Christian Dunker: Sim, sim. O corpo é uma boa ligação. Pense o corpo do herói, o corpo de Ulisses. O corpo clássico é um conjunto, uma história de como as cicatrizes foram adquiridas, as rugas, cada uma, conquistadas. Outro exemplo, seria Aquiles. Os gregos tinham uma singularidade na forma de entender a transformação do corpo e como ela se dá, uma forma diferente de entender uma história, mas incorporamos os gregos dessa maneira. O nosso corpo compreende a nossa história. Na pós-modernidade, o corpo ainda é a nossa história, porém já é

uma história curta, flexível, móvel e alterável, do que decorre a feliz a expressão de Maria Rita Kehl: Qual corpo você está usando para hoje? Perdeu-se a dimensão de continuidade, de fidelidade, de submissão a um traço, perdeu-se, em suma, o que seria uma espécie de fio condutor da grande narrativa.

5.2 - Sexuação e a contingência

Nessa semana, estive na defesa de Rafael Kalaf Cossi[65], que fez um trabalho belíssimo sobre o transexual. Ele mostrou que a experiência transexual só é possível dadas duas grandes condições, sendo, a primeira, a inversão do dimorfismo sexual. A ideia de que há dois sexos advém do século XVI, antes disso, só havia um sexo, já que o outro consistia em uma derivação, um prolongamento, um caso particular. Veja a grande metáfora de Adão e Eva: ela sai da costela do Adão, assim, há apenas um sexo, na verdade, uma hierarquia, tal como nos gregos, para os quais os homens eram os corpos superiores. O que diferenciava aqueles corpos superiores dos das mulheres? O corpo dos homens é mais quente, isso, é verdade. Desse modo, os gregos entendiam que os corpos mais quentes eram superiores aos mais frios. As mulheres, por sua vez, tinham os corpos mais frios, por isso, só existiria um corpo. Nesse panorama, há um trabalho sobre a corporeidade, de Sennett[66], que mostra a questão de forma fascinante; existe, também, um trabalho de Jurandir Freire Costa, que se chama *A face e o verso*[67], obrigatório para sanar nossos preconceitos sexológicos. Nesse livro, ele trabalha com Jacques Lacan e com Richard Sennett, mostrando que nossa intuição de pensar que só há dois sexos, na verdade, data do século XVIII.

A segunda condição, mostrada por Rafael Cossi, constitui o tratamento hormonal e cirúrgico, através do qual se muda de sexo. Muito interessante a discussão realizada na banca, pois revelou uma divergência, uma relação não necessária entre a sexuação e a economia

---

65 Cossi, R. K. (2010). *Transexualismo, psicanálise e gênero: do patológico ao singular.* São Paulo: Instituto de Psicologia, Universidade de São Paulo, 2010. Dissertação de Mestrado em Psicologia Clínica.
66 Sennett, R. (1997). *Carne e Pedra: O corpo e a cidade na civilização ocidental.* Rio de Janeiro: Record.
67 Costa, J. F. (1995). *A face e o verso.* São Paulo: Escuta.

de gozo. Na *teoria da sexuação* temos o lado homem e o lado mulher. Nesse sentido, falamos em dois tipos de gozo, o gozo fálico e o *gozo Outro*, ou do Outro.

Homem	Mulher
$\exists x \quad \overline{\phi x}$ $\overline{\forall x} \quad \phi x$	$\overline{\exists x} \quad \overline{\phi x}$ $\forall x \quad \phi x$
$\$ \longrightarrow$ medéia Mulher de verdade	ϕ a histérica verdadeira mulher

Há o gozo que se mistura com as operações de troca, noção entendida, agora, na versão lacaniana. Desse modo, elas compreenderiam a circulação do falo, ou seja, existe um "a mais" que se produz e se movimenta em função do *objeto a* na circulação fálica. Entretanto não devemos confundir a circulação fálica com a totalidade do que está em jogo no sistema, já que existe outro tipo de jogo, o "jogo do Outro". Tradicionalmente — e Rafael Cossi mostrou isso muito bem —, a Psicanálise inseriu-se nessa discussão com a dúvida sobre indicar, ou não, a cirurgia de transformação do sexo, a qual, literalmente, implanta uma vagina ou um pênis. Sobre esse assunto, a posição lacaniana, não muito feliz, estava baseada na *teoria das estruturas clínicas*, por isso, supostamente, a cirurgia não deveria ser indicada aos neuróticos. O argumento era de que, para o neurótico, a demanda de mudança de sexo estaria amparada por uma fantasia e, sabemos que, quando se atravessa de modo selvagem uma fantasia, isso precipita uma desorganização, uma invalidação de gozo, uma crise de angústia.

A demanda pela mudança de gênero era entendida sob a chave da fantasia, no fundo, da fantasia homossexual, ideia totalmente equivocada, pois não é isso que clinicamente acontece. O que define a experiência transexual não é sua relação com o gozo. É certo, porém, que, talvez, não seja apenas a sua relação com a fantasia, mas sim, a posição de gênero, ou seja, o sujeito quer passar de homem para mulher e de mulher para homem. A transformação do sexo não, necessariamente, liga-se ao desejo de gozar de outra maneira. No transexual, via de regra — nas circunstâncias que Rafael pôde estudar —, o gozar vem como brinde, como um aspecto menor da experiência, já que, o mais importante, é o sujeito proceder uma redesignação, ser juridicamente chamado de homem, conseguir, intersubjetivamente, ser reconhecido como um homem, que possa se vestir como homem, que possa trabalhar, se educar e que possa amar como homem. Enfim, constitui mudança de gênero. Assim, o que aparece é a nossa fraqueza em relação àquele ponto da teoria, a noção de gênero. Apesar de ela ter sido introduzida e popularizada por psicanalista norte-americano, Robert Stoller, a noção de gênero não entrou na Psicanálise Lacaniana, por isso, o nosso entendimento sobre o assunto é muito precário. Desse modo, a leitura foca nas estruturas clínicas, nas quais não se autoriza a cirurgia na neurose, somente, na psicose, pois isso, teria a função de estabilizar o delírio. Tal ideia consiste em pensamento antigo, que Rafael Cossi está revendo, ao propor nova posição sobre o tema. Assim, a pergunta de sua tese é: "como passar de um lado para o outro?". O que significa passar do lado homem para o lado mulher? Na pós-modernidade, duas condições facultam aquela passagem. A primeira constitui a aparição do dimorfismo; a segunda, a existência técnica que permite a passagem. O que estaria em jogo na mudança da designação de gênero se não, a fantasia e a tipificação do gozo? Uma hipótese afirma que o estaria em jogo seria aquilo que Jacques Lacan chamou de semblante. Essa é passagem.

Voltem ao texto *De um discurso que não fosse do* semblante, ou seja, de um discurso que não fosse sexuado à maneira de um gênero. De um discurso que não fosse ao modo de um semblante homem e ou um semblante mulher.

Plateia: (...)[68].
Christian Dunker: A Judith Butler — considerada uma pós-lacaniana, tal como Alain Badiou, como Slavoj Žižek e como Jean-Claude Milner — critica, pertinentemente, um raciocínio psicanalítico, bem como psi-

---
68 Gravador não alcançou a intervenção.

quiátrico, a lógica de soldar, de sobrepor e de confundir sexuação com estrutura clínica e com tipo de fantasia. Qual é a grande tese daquela autora? É a de que a relação entre aquelas instâncias baseia-se na contingência, isto é, não há necessidade de que um venha colado ao outro. Seria preciso admitir a contingência.

Plateia: (...)[69].

Christian Dunker: Significa que uma solução encontrada pela sexuação não implica, necessariamente, uma estrutura clínica, nem que uma determinada solução de fantasia, no quadro de uma estrutura clínica, não se ligue necessariamente a certa posição de gênero.

Plateia: Isso não seria pensado nas grandes narrativas.

Christian Dunker: Exatamente. A ideia de contingência nos leva ao segundo ponto de François Lyotard. O primeiro veio da tradição hermenêutica, mesmo lugar de onde vieram os pensamentos de Paul Ricoeur e Walter Benjamin, autores que pensavam a narrativa como uma teoria filosófica importante para analisar a linguagem. Era nessa chave que eles pensavam a linguagem, como meio de relação do laço social, bem como de transmissão e de memória, ou seja, mais próximo da cultura. No segundo ponto, Lyotard afirmou que a nossa relação com o outro passou a ter um regime de linguagem, visto que existiriam jogos de linguagem — ele extraiu essa noção de Ludwig Wittgenstein, da tradição da filosofia pragmática. Os jogos de linguagem formam um conceito central da segunda parte da filosofia de Wittgenstein, contida no livro chamado *Investigações Filosóficas*[70]. O conceito amplo de *jogos de linguagem* reformula, completamente, o entendimento representacional que se tinha sobre o estudo da linguagem. Assim, no fundo, nossa atenção deve ser direcionada à ideia de jogo, uma meta-metáfora da pós-modernidade. Tudo virou um jogo, um jogo real, em que o sujeito perde e ganha, como em uma roleta de cassino.

O jogo traduz a pós-modernidade e substitui aquela que foi, até então, a grande metáfora do século, a noção de que a vida é um teatro,

---

69 Gravador não alcançou a intervenção.
70 Wittgenstein, L. (2005). *Investigações Filosóficas*. São Paulo: Vozes.

em que se representa o tempo todo. Na pós-modernidade, a questão fundamental consiste no saber jogar bem, ao invés da essência do ator. Como se sair bem? Como atingir a eficácia? Nesse cenário, pensam-se as relações em termos de jogos, por isso, usarei um comentador sobre Wittgenstein, chamado Jaakko Hintikka, um finlandês. As regras dos jogos seriam de dois tipos: as constitutivas e as regulativas. As constitutivas definem a essência do jogo. Por exemplo, podemos jogar futebol de salão com um caixote no lugar da trave de ferro. Se tirar a bandeirinha da lateral, ainda, é futebol. Sim, todo o cenário montado ainda representa o futebol, já que se tratam de regras regulativas, não constitutivas. Assim, caso não cumprida a regra constitutiva, muda-se o jogo. Pode jogar futebol com a mão? Não, não pode, não seria mais futebol. Ou, tal como minha filha, que quer jogar xadrez, mas quer que o cavalo dela ande em círculos e no espaço aéreo. Ela disse que esse era o xadrez dela, argumento em que se apresenta a conexão dos jogos com a *teoria da educação*, na qual tudo é "o seu jeito". Não existe mais o certo e o errado, pois, tais valores, representam a grande narrativa, por isso, a teoria contemporânea prega que cada aluno tenha seu jeito de construir o saber, o conhecimento. Pensem nas duas dimensões dos jogos de linguagem e apliquem-nas aos laços na educação, no trabalho e no amor. Qual é a dimensão aposentada pelas grandes narrativas, de um lado, e pela ideia de jogos de linguagem, do outro? O que está fora de questão é a verdade. A verdade configura um processo, uma experiência no tempo. E o que torna essa experiência única? É possível dizer que o fato de começar e terminar em um intervalo determinado. Porém o que liga uma ponta a outra? Não há nada de orgânico, nada ontológico que a torna uma verdade. Se há começo de outra história, então, é outra verdade. Desse modo, o sinônimo da verdade consiste no acontecimento. Podemos dizer que o amor e o trabalho são acontecimentos. A educação também poderia ser pensada assim, como um trajeto de fidelização, de esforço de nomeação daquele acontecimento. Tal trajeto chamamos de verdade, já que não depende de uma força exterior para acontecer.

5.3 - O encurtamento das narrativas e a questão da verdade

As chamadas narrativas extensas aglutinavam uma extensão de

verdade. Atualmente, é essa extensão que encurtou. Nesse cenário, há uma faceta muito interessante, a qual nos tira de uma posição saudosista e conservadora que defende a ideia de a pós-modernidade constituir um período em que tudo é ruim e que, na verdade, a grande narrativa era a boa época. Qual é a explicação para o encurtamento da narrativa? Qual a explicação para a lógica do encontro? Consiste na noção de que, somente na condição fragmentada, cerne-se um segmento de verdade. Assim, ao invés de pensar que a narrativa encurtou, o que tiraria as nossas referências, devemos observar que a verdade, agora, é localizável, por isso, a narrativa não precisa ser tão extensa. É só mudar a relação de causa e consequência. Nas leituras saudosistas e conservadoras, interpreta-se uma perda de experiência, por meio da qual ninguém mais consegue estar com o outro, ninguém mais consegue desejar, em que tudo é indeterminado, precário e passageiro. A perda da experiência estaria encurtando os laços de desejo e a verdade estaria se aposentando. Todavia existe uma leitura, exatamente, inversa que aponta para a segmentação e para o encurtamento da narrativa como decorrentes do microespaço, no qual o encontro organiza-se de modo fugaz, por isso, permite o discernimento da verdade.

No primeiro caso, a narrativa vem em primeiro e a verdade, depois; no caso dos encontros contingentes, por haver um espaço de localização da verdade, posteriormente, a experiência será segmentada.

Plateia: A verdade também não ficava incluída na grande história. Qual é a verdade daqueles camponeses que trabalhavam?
Christian Dunker: Essa é outra aposta que me parece mais simpática, afinal, dá importância ao fato de que a grande narrativa pode representar uma maneira de destituir as pequenas verdades, de destruir as pequenas comunidades e as pequenas singularidades, pois ficaria tudo englobado no grande destino que Deus reservou. A grande narrativa nos organiza, ao mesmo tempo em que nos submete e nos aliena. Sobre a temática, existe um livro com a mesma linhagem de pensamento, também obrigatório, que se chama *O inconsciente político*[71], de Fredric Jameson, publicado em 1984.

---

71 Jamenson, F. (1992). *O Inconsciente político*. São Paulo: Ática.

Esse autor frequentou os seminários de Jacques Lacan, tanto que, seu primeiro livro foi intitulado *Imaginário e Simbólico em Lacan*[72]. Além disso, Jameson foi leitor de Jean-Paul Sartre e acompanhou todas as metamorfoses francesas estruturais e pós-estruturais. Assim, o trabalho sobre o inconsciente político é fabuloso, nele, retrata-se o inconsciente como uma noção que precisa ser levada para a *teoria da cultura*, mas não como uma narrativa mestre. Até então, a Psicanálise havia sido excluída do debate, pois, justamente, era vista, pelos modernos autores literários, como uma das grandes narrativas. Tudo começou quando o pai da horda primitiva foi assassinado e, por aí, segue uma epopeia; vem o primeiro tempo do Édipo, o *Estádio do Espelho* (1949), o segundo, o terceiro e nasce a fantasia, ou seja, uma narrativa imensa. A Psicanálise possuía essa grande narrativa, que conseguia ter um poder de organização sobre narrativas esparsas, forma — seja falso ou verdadeiro — como éramos vistos pelo mundo literário, como a terapêutica que fazia cair, sobre o sujeito, uma metanarrativa. Porém Fredric Jameson viu diferente. Ele sugeriu que o inconsciente não precisa ser tomado como uma espécie de meta-história a ser cumprida por todos nós. Em 1984, ele já havia pensado que, na estrutura do encontro, estava em jogo o *ato*. Ele anteviu que o importante da narrativa não era a sua extensão, não era o tamanho que garantiria abarcar a verdade, mas sim o fato de que ela consiste em um *ato*. *Ato* como algo contrário a uma descrição ou a uma explicação para praticar a linguagem.

Plateia: Como se pensaria a noção de singular, por exemplo, como em Baudrillard?
Christian Dunker: Jean Baudrillard viria depois de François Lyotard, autor que tentou descrever todo o movimento da cultura. Baudrillard insere-se na segunda geração que instituiu a pós-modernidade como uma metacategoria. Eu não queria entrar nesse debate, mas são concepções quase de parasitagem filosófica que se baseiam na tese da morte do sujeito, da morte da narrativa, do fim da história, é uma espécie de enterro sem fim. Denunciam que estamos sofrendo

---

72 Jameson, F. (1995). *Imaginário, y Simbolico em Lacan*. Buenos Aires: Imago Mundi.

de anacronismo e que precisaríamos aceitar que a vida compõe-se de jogos de linguagem e de pequenas narrativas. Gilles Lipovetsky e Jean Baudrillard consistem em autores que não conseguem fazer mais do que um mapa, uma espécie de contar o que está acontecendo. Para nós, clínicos, é preciso mais do que um mapa, porque, só um mapa, em geral, cria soluções medíocres. Temos um rio no mapa, então, é só cruzar o rio? Não, não funciona assim. Os mapas induzem a soluções fáceis, equivocadas e leituras de pouca utilidade para nós, pois, quando nos deparamos com uma vida verdadeira, daquelas complexas, os mapas não nos ajudam a ampliar o pensar, tal como François Lyotard ajudou. Seu mapa vai além da encenação do funeral, como ocorre na categoria de simulacro, em Baudrillard, descritiva e pouco útil.

A suposição de Lyotard é boa, afinal, se há um apagamento da verdade, um parêntese da verdade nas grandes narrativas, então, há um parêntese do real nos jogos de linguagem. A ideia de jogo é isso. Não tem o real. Precisamos do real se podemos viver bem sem ele? Basta os jogos da linguagem. Tudo isso para chegar à definição belíssima que começou a dominar o final do seminário que Jacques Lacan faz sobre a histeria. Cito a passagem do texto: "É somente a partir de uma mulher que ela pode instituir-se no que é inscritivo, por não ser, isto é, por permanecer hiante no que acontece na relação sexual" (Lacan, 1971, p. 133)". Essa seria uma definição operacional da histeria, que recusa uma mulher. Ou seja, maneira lacaniana de definir as coisas, pela forma como a coisa está sendo negada.

Não existe uma mulher, há, sim, uma divisão produzida por toda mulher ou por nenhuma mulher. Aquela passagem textual continua: "Daí chegamos a isso, muito legível na função preciosíssima das histéricas: que são elas, que no tocante ao que se dá da relação sexual dizem a verdade" (Lacan, 1971, p.133). Assim, observa-se uma redefinição de histeria a partir da verdade, em uma definição muito feliz, visto que, de onde parte a verdade? De um determinado semblante, por isso, é impossível falar de uma, afinal, partir de uma não faz semblante. O semblante não é um singular, sim, um genérico, um grupo, uma categoria. Outro dia, tivemos uma discussão muito infeliz, aqui na universidade, sobre um aluno que passou mal, tomou a atenção de muitos, precisando ser amparado e conduzido aos cuidados médicos. Imediatamente, começaram a questionar a ajuda autorizada pelos professores: "O senhor agiu como o quê? Agiu como psicanalista? Agiu como professor? Em nome de quem o senhor fez isso ou aquilo?". Ou seja, nossos laços sociais, mesmo que seja em situação de ajuda ao outro, não suportam que o semblante seja danificado. Costuma-se confundir a noção psicanalítica de lugar com a de semblante. O lugar, sim, é um, não é uma classe, é o espaço em que o sujeito fica em sua posição inconsciente. Assim, é muito difícil uma vida que não seja do semblante.

Se os pequenos trechos da narrativa vêm se encurtando, como expressar esse fato no tempo? Nesse cenário, a função da grande narrativa era a de dizer ao sujeito que, se, hoje, ele estaria numa ponta, dali a vinte anos, estaria na outra ponta. Antes, era difícil viver sem projetar essa ideia. Na atualidade, são as esferas jurídicas e administrativas que desempenham aquela função. A única grande narrativa que restou é essa, por meio da qual, o sujeito entra em um processo judicial que não tem mais fim. Qual o fundamento desse infinito? As leis estão baseadas em quê? Na categorização e na tipificação. Todo crime deve ser tipificado, todo crime tem que ser um *ato*, não, personalizado, seja do João, seja do José, mas sim, do semblante. E essa é a força crítica de Jacques Lacan. Se existisse uma utopia psicanalítica, qual seria? Viver em um mundo no qual houvesse um discurso que não fosse do semblante. Seria utopia um discurso que fosse do *um*, daquele que não precisa de uma posição jurídica, administrativa para falar, para amar, para tomar decisões e fazer coisas.

Toda essa análise é muito difícil, porque o encurtamento narrativo consiste, também, em um avanço do judiciário normativo. A tese de Angelina Harari[73] abordou esse aspecto do problema. Entretanto, em termos práticos, se traduz em uma oposição acirrada entre o público e o privado, ou seja, entrou no público, tem que legislar, que securitizar, que controlar, que administrar; se entrou no privado, então, a bárbarie, pode fazer qualquer coisa no seu

---

73 Harari, A. (2008). *Fundamentos da prática lacaniana: risco e corpo*. São Paulo: Instituto de Psicologia, Universidade de São Paulo. Tese de Doutorado em Psicologia Clínica.

apartamento, porque ninguém vai entrar lá. No nosso laboratório, o Latesfip[74], temos estudado o problema com o outro autor, mais um dos obrigatórios, que é o Axel Honneth, autor dos livros *Luta por reconhecimento*[75] e *Sofrimento por indeterminação*[76]. Ele encontrou uma virada genial no processo todo. Atualmente, muitos autores vem reescrevendo a ideia de pós-modernidade por meio das grandes narrativas e dos jogos de linguagem, em termos úteis para nós, e Axel Honneth é um deles. Leitor da Psicanálise, ele diz que saímos de uma era baseada no sofrimento de determinação e passamos para uma época baseada no sofrimento de indeterminação, uma proposta muito interessante.

Plateia: Se tomarmos a discussão pela ética, *um discurso que não fosse do semblante*, seria possível?

Christian Dunker: Estamos numa discussão que não valorizei, poderíamos, por exemplo, ter aberto a chave das grandes narrativas éticas, algumas, de natureza religiosa, apresentam-se nos pós-kantianos, além de todo o debate crítico sobre a moral, que costumamos abordar como dimensão ética. Entretanto há uma maneira de descrever o problema, o qual consiste, quase, em um lema: "ao privado, o ético; ao público, o político". Sob esse viés, continuamos na mediocridade, já que tem sido um erro da posição psicanalítica diante do quadro atual. Os psicanalistas costumam declarar que se garantem, em virtude de cultivar uma ética. Sim, ótimo. E quanto à política? Mandamos a política administrar o espaço público e nós nos conformamos com o universo ético-privado? A combinação da esfera ético-privada está em jogo na tese *de um discurso que não seja do semblante* e não significa que a ética não seja a nossa, mas ela é, sim, de um discurso. Um discurso representando um dispositivo da esfera pública, como educar, governar, enfim, tudo é público. Nesse cenário, o laço social não está cernido, nem reduzido à dimensão privada, por isso, a problemática pode ser replicada em ambas as categorias. *De*

---

74 Latesfip: Laboratório de Teoria Social, Filosofia e Psicanálise - USP.
75 Honneth, A. (1992/2003). *Luta por reconhecimento: a gramática moral dos conflitos sociais*. (Trad. Luiz Repa). São Paulo: Ed. 34.
76 Honneth, A. (2007). *Sofrimento de indeterminação: uma reatualização da filosofia do direito de Hegel*. (Trad. Rúrion Melo). São Paulo: Ed. Esfera Pública.

um discurso que não seja do semblante consiste no discurso que não compreenda a separação entre a ética e a política. Por exemplo, sou um psicanalista, mas, nas horas vagas, conduzo torturas no DOI-CODI. Isso não dá.

Gostaria de adverti-los de que não falei o que havia planejado para hoje. Comecei pelo fim e traí minha proposta. Daqui a quinze dias, eu digo o que queria ter dito hoje. Obrigado pela presença.

São Paulo, 20 de maio 2010.
Instituto de Psicologia, USP.

6 - O FALO E O OBJETO A: DOS DISCURSOS À SEXUAÇÃO

Neste capítulo falaremos sobre a relação entre o discurso e a sexuação, um laço muito importante do Seminário XVIII, tomando por referência nosso penúltimo encontro no qual discutimos o Capítulo VIII *O homem, a mulher e a lógica*. Temos apenas um pedaço de giz no Instituto inteiro, teremos que ficar somente no registro da fala, já que a escrita está inviabilizada. No último encontro, vimos a evolução problemática das leituras sobre a histeria. Atualmente, apresentam-se, em debates psicanalíticos, especialmente, nos que não seguem Lacan, como nos Congresso do México e de Lisboa, quatro novas formas de histeria. Existe a percepção geral de que as concepções diagnóstica, etiológica e semiológica da histeria freudiana estava *sub judice*. Nem todas as apresentações clínicas da histeria respondiam a um condicionamento, por isso, começou a suspeita de que "a boa e verdadeira histérica" — na expressão da autora estudada — seria uma espécie de mito ou de projeto metadiagnóstico de Sigmund Freud. Hipótese que defende a ideia de que, no início, Freud teria participado de uma espécie de diagnóstico unicista, no qual se admitiria apenas um quadro, que seria a histeria, os demais, seriam dedutíveis dele ou remissíveis a ele.

Historicamente, essa especulação é pertinente, pois, ao inventar a Psicanálise, Freud fazia dois trabalhos ao mesmo tempo, já que tentava tratar pacientes, que, no fundo, não eram amplamente diagnosticados, por isso, chamados de histéricos, como uma descrição geral. Além disso, Freud começou a tratar a histeria, enquanto apresentava e discutia a hipótese do inconsciente.

6.1 - As histerias e Anna O.

Fruto de ambos os trabalhos, surge uma teoria sobre o sujeito — um registro lacaniano —, a qual se embasou em dois pilares, um universal, outro, particular. Nessa direção, o pilar universal tem sua expressão maior na teoria dos sonhos, constituindo a ética para o inconsciente, assim, como todo homem sonha, tem inconsciente, mas nem todo homem é histérico. A histeria compreende o pilar particular. É possível dizer que, até *Estudos sobre a Histeria* (1893), o inconsciente representava uma neoformação, um grupo psíquico separado, um acidente, um acontecimento dado com o histérico, contexto único em que se podia pensar no inconsciente.

Em um segundo momento, Sigmund Freud relatou a descoberta de um elemento que ia muito além dos sintomas histéricos, assim, anteviu a descoberta do aparelho psíquico e do funcionamento do *Eu*. Essa ideia foi trazida no *Projeto para uma Psicologia Científica* (1895), porém, como se enfatizou, na época, o tratamento da histeria, aquela noção passou desapercebida. A intuição de Freud de que, em sua origem, a hipótese da histeria estivesse ligada ao funcionamento geral do sujeito, não se desdobrou, visto que não se reconheceu que naquela ideia houvesse o problema de duas histerias. Havia a histeria pertencente ao programa clínico por dedução, desse modo, deduzia-se a fobia a partir da histeria, bem como a paranoia, as neuroses atuais, contudo não se definira a própria histeria. Nesse sentido, ela consistiria em um modo de defesa, de transferência e de produção de sintomas. Essa ideia de histeria é genérica, já que foi se transformando ao longo da obra freudiana, visto que outros quadros emergiram mostrando que a primeira ideia não abarcava todo o contexto da histeria. Os demais quadros clínicos revelaram que o parâmetro usado para pensar a transferência não servia para todas as formas de transferência.

Dessa maneira, apresentou-se um segundo momento diagnóstico da histeria, no qual, conceitualmente, a histeria se sustentaria em pé de igualdade com a neurose obsessiva, bem como com os fenômenos descritos no interior da clínica, principalmente, relativos à repetição. No começo, a repetição não era um grande tema para Sigmund Freud, mas se tornou objeto de investigação a partir de 1911, quando desenvolveu a *teoria do narcisismo*.

Nesse momento, discorria-se sobre a forte separação entre a histeria e as psicoses, ou seja, entre as neuroses e as psicoses. Seria trivial dizer que a última separação era secundária e seria desenvolvida em momento posterior da obra de Freud. Ocorre que os contemporâneos começaram a questionar se o modelo freudiano descrevia bem a histeria, do ponto de vista diagnóstico e psicopatológico. O que é "A" histeria? Foi nesse contexto que surgiram os quatro tipos clínicos elaborados pela autora Elisabeth Zetzel.

A "boa e verdadeira histérica", quase um mito, em torno do qual sempre houve a mística se existiria, de fato. "Será que não era uma invenção da constelação teórica-clínica que presidira o início da Psicanálise?" Ademais, a histeria particular se divide em duas grandes linhagens e, no fundo, corresponde ao reconhecimento de uma nova divisão psíquica, de um novo principio psicopatológico, onde teríamos uma divisão, que chamo de Infantil, outra, que chamo de Histeria Depressiva. Aqui, começam as discussões sobre o que seria aquela concepção. Seria um tipo de funcionamento? Concebe-se como um tipo de personalidade que se distingue pela produção de sintomas ou por outros critérios clínicos que não mais aqueles que Freud tinha em mente. Nessa direção, parecem duas formas transitórias de histeria.

A quarta forma retoma a problemática do exemplo inserido na estratégia unicista de Freud, a qual possui um caso mestre, o caso de *Ana O*. Quem vai discutir se o primeiro caso do livro *Estudos sobre Histeria* (1893) seria mesmo de histeria? Se olharmos para seu relato mais de perto, vemos que há alucinações francas, Anna O. vê cobras, vê os ponteiros do relógio se deformando, tem inibições gravíssimas (de falar e de tomar água), tem ataques noturnos e diurnos, faz um tipo de transferência massiva, o corpo a corpo. Seria Anna O. um caso de histeria ou um caso livre? Lembramos que, antes de Jean-Martin Charcot, já havia um quadro constituído de "loucura histérica", que depois se tornou "psicose histérica", em conjunto com um grupo de casos que, em comum, tinham a dúvida diagnóstica, em que já não se sabia mais se havia psicose ou neurose, sendo o *borderline* um dos rebentos dessa dúvida.

Como essa colocação é complexa, tentarei descrevê-la novamente. Existe a histeria em excesso, uma super-histeria, que é o mito. Há duas outras histerias que, na verdade, consistem no somatório da super-histeria com dois tipos sintomáticos, a condição infantilizada e a condição depressiva. No entanto, nem a depressão, nem a personalidade infantilizada consistem em patognomônicos da histeria. Desse modo, haveria, ainda, uma quarta forma, na borda, cuja característica é de não fechar o diagnóstico, portanto, não consiste em uma histeria. Essa é a minha hipótese.

Essa concepção aponta para um conjunto de problemas endêmicos e históricos da Psicopatologia Psicanalítica. Nesse contexto, o nosso ponto de honra, a grande descoberta, incide no fato de Sigmund Freud ter se dignificado a ouvir o quadro, retirando-o do universo moral educativo, dos grilhões pedagógicos. Entretanto, quando aquele quadro tornou-se um caso clínico, ou se transformou em um superquadro ou não se oferece como quadro algum. Nesse sentido, em geral, os psicanalistas já não sabem mais precisar a histeria, seja como um tipo de relação universal com o inconsciente, seja de um tipo de sujeito ou, mesmo, de um conjunto de sintomas. Talvez seja uma flutuação necessária, algo que não necessariamente precise ser corrigido.

Plateia: Talvez seja próprio da histeria.

Christian Dunker: Exatamente. Ela criaria esse tipo de laço, de formas.

Plateia: Seria a chamada imitadora.

Christian Dunker: Isso, exato. A histeria seria uma paródia, uma mimesis, uma imitação sem substância em si mesma, uma bonita imagem para um tipo de subjetividade cujo centro é a falta, o vazio, temática já tratada aqui. Trata-se da distinção entre Anna O. e Dora no que se refere à transferência e à produção de sintomas, apenas, para começar com Anna O. em uma ponta, e *Dora* em outra. Além desses, poderíamos distribuir os casos de Emmy von N e Elizabeth von R, que estariam na linha intermediária entre aquelas.

Nesse panorama, gostaria de fazer três observações sobre o caso de Anna O., o qual deveria ser estudado novamente, a fim de ampliar a análise para além da "boa e verdadeira histérica", observando o caso como uma verdadeira estrutura de ficção que se tornou para Sigmund Freud. O caso acabou se tornando célebre para diversos autores, nem tanto para Freud, que não acompanhou Anna O.. A primeira observação advém de um conjunto de estudos muito interessante recém desenvolvido na história da Psicanálise, iniciado pelo livro *Freud Precursor de Freud*[77], cujo autor é um sueco chamado Ola Andersson. Ele propõe uma historiografia crítica da Psicanálise, ideia muito recente, com cerca de 20 anos, uma tradição de pesquisas que têm se dedicado a olhar para os casos clínicos de uma maneira menos idolátrica, cujo

---
77 Andersson, O. (2000). *Freud Precursor de Freud*. São Paulo: Casa do Psicólogo.

resultado são trabalhos bem interessantes. Outro livro, traduzido para o português, altamente recomendável, é o vibrante *Desejos secretos: a história de Sidonie C*[78], que conta a biografia da famosa jovem homossexual da obra freudiana. Um livro fabuloso. Há muitos outros que não estão em português, mas se referem aos trabalhos da Anna O., depois que ela foi tratada por Josef Breuer.

Entretanto não me estenderei demasiado nisso, somente queria chamar a atenção para o fato de que Anna O ficou com um enorme ressentimento de Breuer e de tudo que remetesse à Psicanálise. Apesar de não querer mais se envolver com a Psicanálise, ela foi curada. Como se curou? Ela saiu do relato, do fragmento de vida que conhecemos e se tornou uma das fundadoras da *teoria feminista* de visão sionista e, tal como já contei a vocês, ela fundou uma espécie de albergue, um centro de acolhimento. Em resumo, foi uma das fundadoras da prática de Assistência Social. Bertha Pappenheim acabou tendo seu rosto estampado em selos na França e na Alemanha, tornando-se personagem histórica, devido à importância de seu trabalho como assistência social.

Como Anna O. teria se curado, se a experiência dela com Breuer fora tão infernal? Depois da história sobre o tratamento que conhecemos, Anna O. foi internada no Royal Public Asylum Sonnenstein, o mesmo hospital psiquiátrico onde ficou o presidente Daniel Paul Schreber. Lá, ela virou paciente crônica, ficando reclusa em cela forte. Mas como ela saiu daquela situação e se tornou capaz de fundar a Assistência Social? Ao que parece, no período de internação, ela fez contato muito amigável com um psiquiatra, o qual recuperou, em Anna O., algo que existia antes da morte do pai, mas que havia sido completamente esquecido: ela escrevia. Lembrem-se que estávamos vendo a escrita chinesa, vamos seguir a pista. Os pesquisadores da biografia de Anna O. estão descobrindo, através das cartas, que a cura dessa mulher poderia não ser atribuída à Psicanálise.

Anna O. escrevia contos. Os biógrafos e pesquisadores escavaram tais contos, os quais eram muito tristes. Nesse sentido, já relatei, no semestre passado, que um deles tratava da história de uma ninfa

---

78 Rieder, I. & Voigt, D. (2008). *Desejos secretos: a história de Sidonie C. A paciente homossexual de Freud*. São Paulo: Cia das Letras.

que era atraída para as profundezas de um lago gelado e tornava-se inerte, paralisada, morria ao entrar no lago. Todas são histórias tristes. Na medida em que Anna O. escrevia seus contos, ela melhorava, ia se acertando, se recuperando. Por exemplo, nas pesquisas, aparece seu profundo gosto pela dança, por bailes. O grande sonho dela era ter se tornado bailarina, porém, o pai, o famoso pai, o grande e amado pai, que ela colocava nas alturas, simplesmente, havia proibido a prática, dizendo que ela não ia dançar e ponto final. O amado pai desceu um serrote no sonho de Anna O., que, aparentemente, reparou aquela experiência através da escrita.

Observem que temos dois aspectos envolvidos na cura, a função da escrita e a função da instituição. Anna O. foi para uma instituição psiquiátrica, saiu de lá, mudou de país e fundou uma instituição, consagrando sua vida a cuidar de mulheres que engravidavam contra a vontade, sendo expulsas de casa, principalmente, pelas famílias judias. Tais mulheres ficavam sem qualquer amparo. Anna O. vislumbrou tratar-se de um problema social, por isso, agiu para responder àquela demanda. E o preço a pagar? Durante o resto da vida, ela congelou — tal como a ninfa do lago — tudo que dizia respeito à sexualidade e à maternidade. Nos dados biográficos, Anna O. diz que conseguiu tratar aquela questão através do outro. Em algum momento, ela pensou em adotar uma das crianças nascidas naquele lugar, mas, na hora em que teve a ideia, diz que sentiu "aquilo" voltar e se deu conta de que não poderia dar aquele passo. Assim, Anna O. levou a sua vida com duas suplências: a escrita e a instituição.

A primeira suplência consiste na escrita. Anna O. escreveu muito e pesquisadores ainda vêm encontrando manuscritos dela, apesar de muita coisa ter se perdido durante a guerra, o que evidencia uma grande escritora de cartas. Ora, vimos a função da letra como construção de uma fronteira entre o saber e o gozo, limite que, justamente, se mostrou fracassado e esburacado no que se refere ao último tipo de histeria. A segunda suplência seria a vida institucional, que, para nós, relaciona-se à *teoria dos discursos*. Tentamos falar da pós--modernidade, porém fomos longe nessa direção, mas, quanto à *teoria dos discursos*, o seu foco, a sua zona de aplicação e a sua origem estão nas instituições.

Nessa direção, observa-se que, no caso do discurso do universitário, o vínculo institucional fica mais claro. Entretanto o que Jacques Lacan chamou de discurso do mestre, mestria, constitui, também, uma forma de instituição, que pode não ter regras explícitas, mas pode se apresentar como a relação estabelecida entre Sócrates e Alcebíades, institucionalizada por meio da organização de discursos que tinham prevalência sobre outras dimensões da própria relação. Esse dado importa porque não podemos imaginar que a *teoria dos discursos* compreenda tudo o que está em jogo no laço social, bem como no laço com o outro, ao contrário, quero crer que os discursos falam de um tipo de laço operante, justamente, quando se exagera, quando o aspecto mais marcante do sujeito se sobrepõe, aí, existe um problema. Parece que esse foi o caso de Anna O. Ela apoiou-se não só em um projeto de sustentação para seu desejo, mas também, em uma instituição onde ela, enfim, se organizou. Nessa direção, ela se organizou muito claramente ao abordar dois pontos que, de fato, foram tratados: a maternidade e a sexualidade. Temática que foi nosso primeiro comentário.

O segundo comentário refere-se às duas subvariantes históricas da histeria, a depressiva e a infantil, as quais se poderiam entender como formas diferentes de ler o mesmo quadro, quer se enfatize a relação com os discursos, quer a relação com a fantasia. Nesse contexto, inclusive, a transferência pode ser observada por meio do laço dos discursos. Assim, pensa-se em dois eixos de leitura, um do discurso, outro, da fantasia. É possível que aquilo que a história da Psicanálise chama de histeria (com sintomas depressivos crônicos e uma narrativa sempre remetida ao fracasso, com queixas de não inscrição, de exclusão) seja um exemplo do eixo da fantasia. Afinal, é interessante como esse tipo de histeria melhora quando passa para o outro lado, ou seja, quando entra no eixo do discurso.

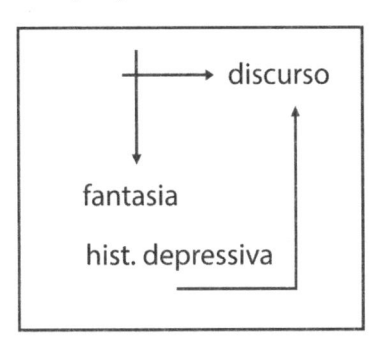

discurso

fantasia

hist. depressiva

Conhecemos vários percursos clínicos da histeria em que a entrada em uma instituição, seja qual for — a psiquiátrica, a educacional, a hospitalar, a política — causa a melhora do quadro histérico, porém não se deve esquecer da histeria infantil, o oposto dele. Ou seja, ela só vive em um tipo de laço institucionalizado, no microespaço, com o outro, para o outro e se fecha nisso, em uma relação estritamente polar em torno da pergunta: "você me ama ou não me ama?". Ela não sai disso. Nesse circuito fechado de dependência e de apelo ao outro — e talvez seja isso que Jacques Lacan esteja chamando de discurso da histeria — já tem um aspecto que se exacerba do ponto de vista do enfraquecimento da fantasia.

Não obstante, a quarta forma de histeria corresponderia, por sua vez, a um eixo exclusivamente masculino das fórmulas da sexuação, seria a forma da loucura histérica. Já tentei mostrar como o conceito de loucura é muito importante para Jacques Lacan. Desde o início de sua obra, ele não abandonou, no quadro de sua psicopatologia, um lugar para essa categoria pré-psiquiátrica. Não confundam com a psicose, pois a loucura consiste, segundo Lacan, em um conceito antropológico. A loucura constitui categoria moral, jurídica, talvez, filosófica, à qual, sistematicamente, Jacques Lacan retorna com dois temas intrínsecos. O primeiro deles, o tema da crença, segundo o qual, o que nos torna loucos tem relação com o regime das crenças. O segundo, da liberdade, tão cara à histeria, especialmente, ao funcionamento discursivo da histeria. Nesse sentido, a contribuição essencial da histeria para as luzes, para a filosofia e para o surrealismo teria sido, segundo Lacan, o delírio estrutural histérico, incurável. Por isso, não foi coincidência os surrealistas chamarem as histéricas de maior acontecimento político do século XIX. Tratava-se de uma maneira de inserir um espaço e uma função para a liberdade, antes, impossível, dentro de um contexto institucional, jurídico e simbólico específico. Nossa pergunta foca nisso: a quarta formação poderia constituir um caso específico da loucura histérica no qual se encontram o lado homem e o lado mulher? Seria um caso onde o primeiro é desdobramento do segundo?

6.2 - A histeria e neurose de caráter

Suponho que não tenha apresentado a questão devidamente. Na prática, nosso problema foca em pensar os quatro tipos de histeria, a partir das posições na sexuação. Estariam todas elas no mesmo estrato, no mesmo nível, ao mesmo lado? Essas perguntas decorrem de uma das ideias mais ricas do final do Seminário XVIII que é a seguinte: "a histeria não é uma mulher". A histérica não está do lado da mulher, sim, do lado do homem, por isso, a sua grande questão é "o que quer uma mulher?" Ela pensa as questões da feminilidade, mas a partir do lado homem. Nesse contexto, faço minha pergunta particular: será que é assim em todas as histerias?

Nesse panorama, cabe investigar se é possível tornar compatível o desenvolvimento histórico com a problemática original da psicopatologia psicanalítica, bem como com o tema do discurso, do semblante, do saber e do gozo com as fórmulas da sexuação. No intuito de retomar algumas ideias, uma das questões que se insere naquele desenvolvimento histórico e que isolou os quatro tipos, foi a constatação de haver um incremento da histeria masculina. Nesse contexto, gostaria de abrir uma sequência de perguntas que precisam ser investigadas. À medida que a histeria alcançou cada vez mais homens, devemos questionar se eles se tornaram mais femininos ou se ficaram mais histéricos. Será que o incremento da histeria masculina pode ser avaliado a partir de transformações culturais, sociais e simbólicas? Será que esse fato se relaciona ao encurtamento de narrativas? E à pressuposição de um laço social organizado pelo semblante, pelos jogos de linguagem?

Nos termos da *teoria da cultura*, existe uma tese para caracterizar esse período, a de que a nossa cultura teria se "feminilizado". Essa ideia difere da hipótese proposta por Jacques Lacan no texto *Complexos Familiares* (1938), no qual sugere que o declínio da imago paterna teria relação com as neuroses de caráter. Usualmente, essa hipótese é a parte que deixam de enfatizar naquele texto, já que a leitura costuma ir até a etapa em que se postula sobre declínio da imago paterna, mas a grande tese não é essa. O declínio está em outros autores desde os tempos em que se começou a pensar no declínio da fundamentação familiar da autoridade na modernidade. A grande tese lacaniana compreende que o declínio poderia transformar os modos de expressão da psicopatologia. E, talvez, disso poderia decorrer a suposição de substituir a histeria pela neurose de caráter?

"Neurose de caráter" talvez possa ser a denominação da Histeria Infantil ou da Histeria Depressiva, afinal, consistem em variantes de personalidade, de caráter da histeria associáveis ao declínio da imago paterna. O problema que Jacques Lacan não apresentou é o fato de que, depois do declínio da imago paterna, ocorreria o crepúsculo do macho. Seria o declínio da organização viril da cultura. Vamos chamar isso de quê? Vamos chamar de "declínio da cultura viril" para usar a palavra que o próprio Jacques Lacan usava, recorrentemente, para designar o homem. Na obra, a mulher aparece como feminilidade, mas o homem não aparece como masculinidade, sim, como virilidade. Aliás, algum dia, eu ouvi que esse fato daria uma grande pesquisa, em que um dos principais dados a estudar seria a "masculinidade", em Lacan, pois, a maioria dos estudiosos, acaba abordando a feminilidade. O que teria acontecido com a masculinidade? Nem mesmo o termo masculinidade é frequente, pois Jacques Lacan prefere usar o termo "viril".

Plateia: Você falou que o laço social é organizado pelo semblante?

Christian Dunker: Desde o século XVI, um dos temas discutidos na *teoria da cultura* e do contexto social, consiste na importância de entender que os laços sociais ocorrem no quadro de uma representação. Construiu-se certo consenso sobre a ideia de que as pessoas, quando se relacionam, tanto na cena pública, quanto privada, estão representando, em uma espécie de teatro, de jogo e que os humanos habitamos uma divisão subjetiva primária, que, aliás, constitui condição da Psicanálise. Quando falamos com o outro, sabemos que ele está representando e que eu estou representando. Entender as relações a partir disso é fundamental.

Platéia: Isso seria a palavra vazia?

Christian Dunker: Nesse contexto, existe a ideia de que, depois de determinado momento, a representação levaria a uma perda definitiva da relação com a experiência, que se tornaria representação que se "autonomizou", que se transformou em jogo de regras próprias, em relação às quais, algum aspecto do sujeito demonstra o seu exílio. Dado que o romantismo tentou denunciar. Essa divisão público/privado, com correspondência passo a passo, de um lado para o outro, não funciona, isso seria o projeto liberal e não funcionou. Voltando ao século XVI, há uma distinção que é fantástica do ponto de vista literário que aparece em Erasmo de Rotterdam. Conhecem o Elogio à Loucura[79]? Erasmo dividia as pessoas em dois grandes grupos, os loucos-loucos e os loucos-sábios. O louco-louco é louco, pois ele não sabe que toda loucura é louca. O louco-sábio é sábio, pois sabe que a loucura é louca. Erasmo quer dizer com isso que o louco-louco é o louco crente. É aquele que acredita que aquilo que o outro diz é exatamente aquilo que diz, ou seja, o louco-louco é o crente de que não há representação, que não tem farsa, que não tem teatro.

Plateia: Essa é a definição da debilidade mental.

Christian Dunker: Sim, exatamente. É a definição da debilidade mental. Chamamos de ingênuo aquele que toma a regra pelo seu valor de face, que não sabe a distância entre a regra explícita e a regra tácita, aquele que acredita nas coisas como elas se apresentam. Vemos como isso é um problema. Walter Benjamin diz que há uma relação entre o cômico e o trágico, que o trágico é sempre posto, ou melhor, diz que ele precisa de uma personagem que é culpada. Essa experiência da culpa, de quem está devendo, estaria indexada a uma classe social. Nesse sentido, o trágico representaria a experiência do aristocrata, daquele que um dia foi, mas que já não é mais. Não é o burguês, pois esse aparecerá no meio, como efeito daquela divisão. Por outro lado, apresenta-se, justamente, o oposto do culpado, o ingênuo, o qual não aparece na literatura pela figura do aristocrata, sim, pela figura do povo, do simplório. Nessa direção, a simplicidade surge como um valor negativo, diferente da definição de sujeito que, quanto mais complexo, mais sujeito. O simples é o débil, relaciona-se com a regra de que o público e o privado amarram-se totalmente. É uma relação com a regra, não, com a Lei.

Do outro lado, de que sofre o trágico? O trágico diz que público e privado não têm relação, que há um jogo completamente autônomo. Nesse contexto, o que seria a figura da divisão burguesa? Compreenderia dois lados, ambos com razão, na imagem de um pêndulo que não consegue se resolver nem de um lado, nem de outro lado.

---

79 Rotterdam, E. (1508/2000). *Elogio da Loucura*. Coleção Clássicos. São Paulo: Martins Fontes.

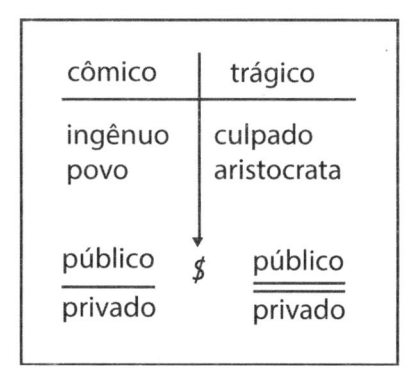

cômico	trágico
ingênuo povo	culpado aristocrata
público / privado	público / privado

Tudo isso para voltar um pouco para a *teoria da cultura* e esse diagnóstico complementar à *teoria da imago paterna* que seria o declínio da cultura viril. Uma grande imagem disso, uma imagem mais ideológica do que propriamente mais verídica é a imagem dos homens que voltam para a casa depois da II Guerra Mundial. Na primeira, voltavam e não havia histórias para contar, era o vazio da experiência. O que Walter Benjamin teria escrito se não tivesse morrido tentando cruzar a fronteira com a Espanha? O que ele teria escrito sobre os soldados que retornaram da segunda Guerra? Os soldados tiveram a mesma desagradável sensação daquele pai que deixou o filho na escola, pensando que sozinho ele não ia sobreviver. Os filhos, tão indefesos sem saber fazer nada sozinhos. Há muita culpa daqueles que deixam os filhos para trás. Ocorre que, na volta, com o tombo vai ao chão, pois, ao retornar o pai descobre que seu filho ficou muito bem sem ele. Os pais se sentem um excesso totalmente desnecessário. Ora, foi justamente essa experiência que relataram os soldados regressos da segunda Guerra. Eles voltaram para casa e encontram as fábricas funcionando, pois, as mulheres se mostraram trabalhadoras tão ou mais hábeis do que eles; as famílias também continuaram, os filhos cresceram, enfim, eles viram que a vida continuou e não houve qualquer colapso estrutural. Isso foi um choque para a virilidade, ou seja, era o início do fim.

Plateia: No exemplo que você deu, é ainda mais complicado, pois o filho se mistura com o povo. Vemos a cisão privado/público e há uma série de regras. Ele chega lá e não é que ele está no universo privado, mas completamente fundido no público.

Christian Dunker: Sim, ele sai da família (privado) e vai para a escola (público), então, ocorre o caos. Não é "então caos", pois eles se viram muito bem nessa divisão; as mulheres se viraram bem nessa divisão, tão bem que as perguntas começaram a surgir: por que nós não organizamos as coisas de outro jeito? Por qual razão precisamos da força, da verticalidade, da hierarquia? Por que precisamos de *Totem e Tabu*? Uma ideia que vai aparecer e vamos estudar como próximo ponto.

6.3 - Medeia: uma mãe diferente

Notem que *Édipo* e *Totem e Tabu* consistem em mitos diferentes, não são versões diversas da mesma história. O mito de *Édipo* volta-se para as mulheres, parte delas, com elas dialoga e sobre elas trata. É um mito sobre a origem do desejo, sobre as regras de parentesco, sobre a ideia de que viemos do mesmo lugar, sobre o que se popularizou e se desdobrou em torno de uma imagem, um triângulo, uma intriga, um conflito.

O mito de *Totem e Tabu* é outra história, já que trata do lado do homem, por isso, o exemplo daquele "existe um que não" é sempre posto do outro lado da fórmula da sexuação, visto que a posição feminina não precisa pensar o ser supremo de maldade, aquele que tem acesso a todas. Pensar isso não faz gozo do lado das mulheres, mas sim do lado dos homens. Eles pensam: — um dia serei como ele. Nisso não há valor erotizante para as mulheres, não há valor identitário, pois consiste em um mito de homens para homens.

Plateia: É a *História de O*[80].
Christian Dunker: Exato. É a *História de O*. Trata-se da história de uma mulher que tenta radicalmente responder a uma fantasia masculina.

Plateia: História escrita por uma mulher.
Christian Dunker: Sim, foi escrita por uma mulher e você sabe em qual contexto? Essa é uma história muito interessante. Vocês já ouviram falar do passe como expressão da destituição subjetiva? O que seria essa destituição? Jacques Lacan dá um único exemplo narrativo sobre ela, um texto, *O guerreiro aplicado*[81], de Jean Paulhan. Se você ler

---
80 Réage, P. (1954/2008). *História de O*. Rio de Janeiro: Ediouro.
81 Paulhan, J. (1930). *Le Guerrir apliqué*. Paris: Gallimard.

o texto, pensará que não pode ser aquilo! Se aquilo for o final de análise, então, eu não quero, eu quero outro. Trata-se de um personagem totalmente alienado, que vai para a primeira guerra, pois, se ficasse em sua aldeia, as pessoas poderiam pensar que ele não era viril o suficiente. Então, ele vai para a guerra nessa posição imbecil. E ele passa a guerra nela, totalmente desengajado, do tipo que fala "se quiserem que eu mate, eu mato, quem está com a razão eu não sei, não importa."

Esse consiste no exemplo dado por Lacan para representar a destituição subjetiva, também, um sinal clínico do final de uma análise, do contexto do passe. Uma história como essa! Jean Paulhan foi um poeta que viveu em Madagascar, junto a Octave Mannoni, e conhecia a psicanálise, escreveu um pouco sobre ela, era um grande adversário de Maurice Blanchot sobre o tema da função da literatura na cultura. Blanchot, Heidegger, e outros diziam que a função da literatura seria fazer escombros, contar o que poderia ter sido, nos trazer o vazio. Jean Paulhan discordava disso. Ele afirmava que o valor da literatura era político, um meio de transformar o mundo e criar novas formas de vida, portanto, nos inspiraria a dar passos de liberdade que não existiam. Esse debate é muito interessante e está por trás do debate sobre o passe e a questão da destituição subjetiva.

O detalhe sórdido da história é que Jean Paulhan era amante de uma mulher que trabalhava na editora dele, uma editora respeitada, que publicava Marguerite Duras e editava a *Nouvelle Critique*, uma inversão da literatura francesa do pós-guerra. Lá, havia a amante, que vivia datilografando os textos, até que, um dia, ele disse que ela seria incapaz de escrever um romance, argumentando que ela era muito simples, ingênua, uma boa pessoa, mas não complexa o suficiente para escrever um romance. Bem, foi ela quem escreveu a *História de O*. Ela deu-lhe uma trombada da qual ele jamais acordou e, pior, ela criou um problema ao colocá-lo em uma situação pública na qual ele não a poderia defender. A *História de O* virou um escândalo jurídico na França, as livrarias que o vendessem seriam fechadas, enfim, virou um caso de polícia, pois consistia em uma história violentíssima com erotismo transbordando por todas as tampas. Tratava de uma mulher emancipada, absolutamente independente, que decidia se colocar na posição de objeto para a fantasia de um homem. Mesmo. O que acontece? Ela escreve, publica com um pseudônimo, porém a polícia bate na porta da editora de Jean Paulhan e lhe pergunta quem havia escrito o livro. Ele não podia dizer que era ela, nem tampouco, defendê-la. Se ele a acusou de não ser capaz de escrever um romance, ela o colocou na posição de ver se ele era capaz de bancar um romance. Ela escreveu outro livro mais recente, muito bacana, o nome dela é Pauline Réage.

Plateia: O livro virou um dos filmes mais eróticos na França.

Christian Dunker: Um novo erotismo, que, depois de toda essa volta, relaciona-se com a feminilização da cultura, aspecto que coloca em jogo um novo regime de relação com o semblante. De um lado, a tragédia masculina, a separação total; do outro, o ingênuo, o simples, em uma colusão total. O que haveria na cultura pós-viril, seria o reconhecimento do semblante como semblante, o qual, no fundo, constitui uma espécie de dissolução das duas alternativas.

As duas são verdadeiras, mas partiríamos para um próximo capítulo, o *Charles Baudelaire*, no qual a imagem se autonomiza, de tal maneira, que entraria em um regime de fetichismo explícito, compartilhado, mútuo, cujo sintoma seria o cinismo.

Plateia: A virilidade feminina é diferente da virilidade masculina, do tipo supermacho.

Christian Dunker: O supermacho compreende invenção de machos que acham que a mulher estaria interessada nisso, o que é uma versão do *Totem e Tabu*. Por que será que, a partir da Segunda Guerra, ocorreu um incremento, não só uma diversificação, mas uma passagem do predomínio da histeria feminina para um equilíbrio de casos em homens? Inversamente, também se percebe um interesse cada vez maior pela neurose obsessiva nas mulheres, que funcionam, estruturalmente, como neuróticas obsessivas. Quais são os sintomas típicos da neurose obsessiva em mulheres? Jacques Lacan falou pouco sobre isso, mas o que disse foi certeiro. Ele afirmou que a mulher neurótica obsessiva sofre de uma espécie de Complexo de Medeia. Medeia era casada com Jasão, que partiu para viagem de aventuras e de amantes, enquanto ela ficou com os filhos, que amava e adorava e de quem cuidava muito bem; porém, ao saber que Jasão a traíra, ela mata os filhos, não porque ela não os amasse, mas sim, por ser a maneira mais violenta de vingar-se de Jasão.

O traço principal não seria uma recusa da maternidade, porém, o de pensar o filho para o marido, o filho como falo para o marido e não para si própria. Usualmente, consistem em mulheres que possuem relação adequada com o filho, contudo sem desejo, não há, propriamente, um desejo de maternidade, já que ela se orienta, firme e decidida, ao falo no homem. São boas mães, mas é uma maternidade diferente, extremamente eficaz, se tomarmos o fato de que a maternidade normal quase passa por um estado transitório de loucura. Quando um bebê chega, fica tudo de ponta cabeça, mas, na neurose obsessiva feminina, o caos não acontece, pois não há uma perturbação básica com o falo. O falo é para o homem, portanto, mães muito calmas, seguras, são as mães suficientemente boas, segundo o toque genial de Donald Winnicott. Elas não são mais que boas, não são corroídas por um ideal de fazer da criança a sua extensão narcísica.

Plateia: Quando fala de Medeia, Jacques Lacan traz a questão da verdadeira mulher.
Christian Dunker: Que é o contrário da mulher de verdade. Se existe a mulher de verdade, todas as outras seriam falsas.

Homem		Mulher	
$\exists\, x$	$\overline{\phi\, x}$	$\overline{\exists\, x}$	$\phi\, x$
$\forall\, x$	$\phi\, x$	$\forall\, x$	$\phi\, x$
$\$ \longrightarrow$		ϕ	
$\longleftarrow$		a	
medéia		histérica	
Mulher de verdade		verdadeira mulher	

Temos a mulher de verdade e a verdadeira mulher. A verdadeira mulher corresponde àquela que suporta o que, para a histeria, é difícil aguentar, o "essa mulher". A verdadeira mulher seria elevada à condição de A mulher. Medeia tem um que escapa — Jasão — e ele é seu. Isso representa um caso de universal particular.

Aquela que enlouquece seria a histérica, então, muda-se o mito de base, já não mais é *Totem e Tabu*, mas sim, o *Édipo*. Nele, há um objeto, um filho, que é deste pai ou do outro? Assim, ela terá que nomear o pai, o que requer saber o que é um pai. Todavia onde ela pensa que há um pai, encontra um homem, então, o filho talvez não seja dele e ela pensa: "talvez seja só meu". Sendo assim, o filho será depositário do falo que falta a ela. Nesse contexto, a criança existe como falo para a mãe. Fato mais verdadeiro do lado da histeria do que da neurose obsessiva. Se o bebê é falo para mãe, daí a loucura da maternidade, a projeção, a idealização e todas as dificuldades de viver como extensão de outro. A histeria infantil seria, no fundo, o par "histeria + filho", só que, do lado do filho, percebe-se o discurso da intrusão, da dominação, desse modo, todos os problemas decorrentes de ser o falo para o outro. Contudo, quando não se é o falo do outro, surge outro problema, especificamente, do tipo em que se pensa "sou nada, não existo".

O segundo sintoma da neurose obsessiva seria localizar o falo no outro. Jasão, assim, representaria o falo verdadeiro, o que escapa à castração.

Plateia: (...) Jasão dizia que os dois estavam em uma miséria — a Medeia, o Jasão e seus filhos — então, ele encontrou uma princesa alegando que isso daria boas condições aos filhos. Medeia mata os filhos para dizer à Jasão que pode ficar com a princesa. Essa ideia sairia da negação do falo, rumo à positivação *do mais de gozar*.
Christian Dunker: Não exatamente. Essa seria a solução histérica. Na fórmula da sexuação, temos dois andares. Lado homem e lado mulher. Depois do lado homem, temos o sujeito em relação ao falo; do lado da mulher, não é a posição do falo a que ela responde, sim, a do *a*. Como a Medeia olha a situação? Do lado homem.

Plateia: Freud é bem claro no texto *O problema econômico do masoquismo* (1924) ao dizer que a criança, para uma mãe, é o objeto, não o semblante de objeto.
Christian Dunker: Mas, mesmo em Jacques Lacan, em *Notas sobre a criança* (1969), esse parece ser um caso, nem todas as mulheres vão tomar o filho no lugar de objeto.

Plateia: Como ficam os segundos casamentos de mulheres que tem filho com outro parceiro e esse parceiro demanda que abandone seu filho?

Christian Dunker: Compare isso com o caso de Isabella Nardoni, a menina que foi jogada pela janela. O caso trágico poderia ser muito mais frequente do que é. Isabella é filha do primeiro casamento do marido, o casal briga, Isabella é jogada da janela. Eles vão ao julgamento, o argumento deles é que havia uma terceira pessoa responsável, no entanto, ao que tudo indica, algo aconteceu no casal. A pergunta não é "por que isso aconteceu?", porém, "como isso acontece tão pouco?" Tornou-se um caso público pelo modo como ocorreu, mas não por ser totalmente fora de tudo o que se poderia pensar. Era o pai, a madrasta, o filho do casal e a Isabella, a qual passava o fim de semana com o pai. Um detalhe interessante, para trabalhar nessa comparação, é o pai. Não sei se vocês tiveram acesso às falas dele, mas evocam uma das representações do declínio da cultura viril, já que era dependente do pai dele e falava com uma espécie de colagem à fala da esposa. Esse não parece ser um caso de Medeia, mas sim, de um tipo de histeria que não consegue a confrontação com o viril, a qual separaria saber e gozo, a qual colocaria a histeria para funcionar, pois, para funcionar bem, precisaria ter o viril em algum lugar.

Enfim, não era nada disso que eu queria falar.

Eu havia planejado partir da redução pós-moderna das narrativas e da ênfase dos jogos de linguagem como forma de entender a chamada feminilização da cultura. Depois, queria ter relembrado vocês um texto lacaniano chamado *A Ciência e a Verdade* (1965), no qual o autor pensou as relações de verdade e de causa, no âmbito da cultura e dos saberes que, no seu entender, dominam e coestruturam a cultura: a magia, a religião e a ciência. No texto, escrito em 1966, três anos antes do Seminário *O Avesso da Psicanálise* (1969-70), Lacan abordou o problema da verdade, do ponto de vista de sua implantação cultural. Nesse sentido, enquanto a magia consistiria no recalcamento da verdade, como causa eficiente, a religião seria a negação da verdade como causa final, a ciência, a foraclusão da verdade como causa formal e, finalmente, a Psicanálise uma espécie de reparo para as negações feitas por outras formas de saber em relação à verdade. Por exemplo, em relação à ciência, a Psicanálise reintroduziria o Nome do Pai na consideração científica; contra a magia, separaria o significante do significado; contra a religião, colocaria o sujeito como causa da verdade.

Além disso, gostaria de ter falado sobre o deslocamento de uma *teoria da cultura* e sua inclusão na *teoria dos discursos*. Por isso, a noção de verdade e de semblante são tão importantes, já que condensam toda a reflexão lacaniana sobre a cultura e incluindo-a em entendimento sobre o laço social. Em seguida, eu ia procurar, com vocês, os equivalentes da feminilização da cultura nos conceitos inseridos na obra lacaniana. Então, falaríamos um pouco sobre a identificação com a falta, na histeria, sobre o desejo insatisfeito e a demanda do "um a menos", que, para Jacques Lacan, definiria a política da histeria. Vejam só para onde Jacques Lacan vai! Não seria mais sintoma, nem estrutura, sim, política, a política do "um a menos", de tentar inventar e localizar o "um a menos", uma exceção no conjunto.

Minha incursão faria, ainda, um contraste mais regrado — que, até aqui, havia sido apresentado de modo mais disperso — entre o mito de *Édipo*, para a mulher, e o mito de *Totem e Tabu*, ao homem. Poderíamos falar sobre a histeria no homem e na mulher, pensando nessa relação que, de um lado, se organiza a partir de um mito edipiano, do outro, a partir do mito *Totem e Tabu*. Eu pretendia concluir nosso passeio com a retomada de oposição importante na psicanálise, que poderia nos ajudar a repensar a diagnóstica entre a genealogia do desejo — o que se percebe em *Édipo*, uma espécie de antropologia da realização de si — e o tema da violência, do contrato e da guerra — em *Totem e Tabu*. Incluiria *Édipo* como uma versão da narrativa de Jean-Jacques Rousseau sobre o que constituiriam os laços sociais e, *Totem e Tabu*, como uma versão da narrativa de *Leviatã*, de Thomas Hobbes, trazendo, para a diagnóstica psicanalítica, duas formas de entendimento sobre o laço social, que são matriciais na modernidade. Esse teria sido o percurso de hoje, proponho continuar no próximo.

Instituto de Psicologia, USP.
São Paulo, 10 de junho 2010

phrase
7 - A METÁFORA PATERNA E A METONÍMIA DOS SEMBLANTES: PATOLOGIAS DA EVITAÇÃO DA CASTRAÇÃO

Hoje encerramos nosso ciclo de encontros desse semestre. Espero poder falar hoje dos dois últimos capítulos do Seminário XVIII, que são *Um homem, uma mulher e a psicanálise* e *Do mito forjado por Freud*. Queria fazer isso a partir de um fechamento da questão da passagem da *teoria dos discursos* para a *teoria da sexuação* e como elas se relacionam, mas, ao final do seminário surge uma ideia de que essa passagem dos discursos à sexuação implicaria rever a passagem dos mitos fundadores, dos mitos centrais da psicanálise, de tal forma a reconhecer uma diferença que, até então, não era valorizada pelo próprio Jacques Lacan.

7.1 - Édipo e Totem e Tabu

Uma ideia nova que se desenvolveu no *Seminário XVII O Avesso da Psicanálise* (1969-70) e aqui se conclui é a ideia de que o mito de *Édipo* e o mito de *Totem e Tabu* não são versões de um mesmo mito, eles não derivam de um mito comum. A tirar consequências, uma implicação clínica muito interessante é o fato de que *Édipo* é principalmente um mito recodificado por Freud, no contexto da investigação da histeria, é um mito feito para entender e tratar algo específico da clínica da histeria, que dirá respeito à insatisfação central do seu desejo. Para que o mito serve? É um mito sobre a origem do desejo e a insatisfação da histeria decorreria da estrutura do desejo, da permanente recolocação sobre a sua origem. Jacques Lacan está olhando para essa ligação do *Édipo* com a histeria e vendo que a histérica está sistematicamente perguntando como nasce o desejo. Ela tenta apreender, fixar, este instante do nascimento do desejo. Como esse instante é impossível de apreender, o que se tem é a formação do mito. O mito, na tradição estruturalista, é o equacionamento de diferentes perguntas, cada qual sem resposta, cada qual insolúvel. Então, jogam-se essas várias perguntas umas contra as outras e cria-se a lógica do mito ou sua estrutura.

A histeria permitiu à Freud descrever pela primeira vez o que seria a estrutura do desejo, como um conjunto cambiante e alternado de questões. De onde nós viemos? Viemos do mesmo? Se for um menino veio do pai ou se for uma menina vem do outro, já que o pai é um homem e o outro uma mulher. Como juntar essas duas coisas? A resposta simples e trivial é que viria das duas, da mistura das duas, ao mesmo tempo. Viria da justa proporção entre os dois, ou seja, da relação entre os dois.

O mito é uma espécie de máscara do conjunto de possíveis, mas que tem uma premissa não renunciada no seu centro que é a não relação. Isso é um avanço em relação à própria formulação de Lévi-Strauss, ou seja, Jacques Lacan está saindo das respostas simbólico-imaginárias. Afinal, viemos da mãe ou do pai? O caminho natural seria dizer que vem dos dois, mas aí é preciso supor que há relação entre eles. A solução que Jacques Lacan está intuindo é de que, talvez, esta relação não existe. E se essa relação fosse justamente a origem do mito? Há uma contradição, há uma não relação entre essas duas. Isso implicaria em esboçar um desdobramento para essa pergunta. Se o mito de *Totem e Tabu* não é do mesmo tipo do *Édipo* como ele foi necessário para o desenvolvimento dos conceitos de Freud? A resposta é que ele vem de outra organização desejante que é a neurose obsessiva. O *Édipo* está para a histeria assim como *Totem e Tabu* está para a neurose obsessiva. Jacques Lacan começa a explorar disjunções entre um e outro, mas por que forçar tanto essa disjunção para tentar mostrar que não há relação sexual? Por que a não-relação não pode ser escrita. Se fosse um tubo de ensaio, o experimento que estaria sendo conduzido seria o de mostrar que experiência é não reversível. É possível mostrar a não relação sexual, mas isso torna crucial a separação entre histeria e feminilidade (ou a posição mulher) e entre a neurose obsessiva e masculinidade (ou a posição homem). Agora o *Édipo* está para a histeria e a histeria está para feminilidade assim como *Totem e Tabu* está para a neurose obsessiva e a neurose obsessiva está para a masculinidade.

Temos três camadas, uma é a camada do mito, a outra, a do tipo clínico e a terceira, da sexuação. A ideia aqui é a de que o tipo clínico seria o equivalente, estaria no mesmo nível da *teoria dos discursos*. Isso não é uma grande formulação, porque de fato o discurso que a psicanálise precisa para se originar é o discurso da histeria, mas não só o discurso da histeria como acontecimento clinico, mas sim a histeria como forma geral do laço social. Disso decorre a ideia de que temos o nível da estrutura e o nível do tipo clínico, esse último nível estaria representado na teoria lacaniana pelo discurso. Ao invés de começar a fazer subdivisões, da fobia, da histeria, da neurose obsessiva, Jacques Lacan pensará condições estruturais, mas em um outro sentido, o sentido do laço social. Quer dizer, se a estrutura for pensada a partir do desejo, pensando na descrição do desejo histérico, porque não pensar o discurso como contraface dessa dimensão, a partir do gozo e do impossível do gozo? É assim que ele conduzirá o discurso como um tratamento, uma localização, um aparelhamento do gozo, de tal forma que, entre as quatro posições existe uma circulação, mas uma circulação que mantém um lugar abrigado, que é o da verdade.

A disjunção pode ser ou de impossibilidade ou de impotência. Essa disjunção que forma o discurso, ele se ordena a partir do semblante, se ordena a partir dessa posição do agente, mas ele só é dedutível do impossível de gozo ou da impotência de gozo. Nesse sentido, há uma primeira distribuição dos discursos. Dois discursos são feitos a partir da impossibilidade e outros dois são feitos a partir da impotência. Os discursos da impotência são o da histérica e do universitário. Os discursos da impossibilidade são os discursos do mestre e do analista.

Veremos em detalhes essa distinção entre *Édipo* e *Totem e Tabu*. No mito de *Édipo* temos um pai que goza, mas sem saber que goza, um pai cujo gozo foi raptado, um pai que no fundo está a captura da localização do gozo que lhe cabe. Não sabemos se antes de ser morto na encruzilhada da bifurcação, Laio (o pai) era um bom governante, se era sedento pelo poder ou se fazia um bom governo. O povo de Tebas estava satisfeito com Laio? É enigma. Na Grécia antiga, a tirania não possuía o mesmo estatuto que tem para nós de ser algo insuportável, uma ofensa à democracia. O Édipo Rei, o Édipo tirano, era quase uma função protética, uma suplência. Quando havia uma guerra ou um estado de indeterminação se escolhia um tirano, como uma espécie de técnico em assuntos bélicos, políticos ou de administração da cidade, para cumprir o mandato, mas cuja característica era que nem sempre seus herdeiros continuariam a governar a *Polis*, afinal, era uma espécie de um remendo.

Édipo torna-se rei de Tebas justamente por ter se mostrado um bom solucionador de problemas. Ele matou a Esfinge que estava causando problema para a cidade e fez com que ela se projetasse no abismo. Édipo, o decifrador de enigmas. É alguém que como personagem estava às voltas com o saber – e Michel Foucault mostrou isso muito bem no texto *"A Verdade e as Formas Jurídicas (1973)"*[82].

A peça de Antônio Quinet, *Oedipous, filho de Laio* nos lembra que *pous* refere-se a pé, pé coxo. Tratava-se de uma transmissão do defeito pela genealogia paterna. Michel Foucault ressaltava que *Oedis* refere-se a ver, conhecer e saber. Entretanto, é um tipo de saber prático, aquele que vem com a experiência, não seria um saber contemplativo. Por exemplo, usamos corriqueiramente a expressão: "fique olhando as crianças para mim". Olhar as crianças é um problema, pois elas são ingovernáveis, mas uma mãe sabe olhar as crianças, quer dizer olhar no sentido de que olhar é cuidar, é saber resolver problemas. Teria sido aí, através do excesso da vontade de saber, da ultrapassagem do registro do saber, que Édipo deixou Tebas assolada pela peste. A peste feita, pois alguém cometeu um excesso que perturbou a ordem das coisas. Alguém que fosse fazer a função de um bom tirano precisaria, simplesmente, saber que aconteceu e resolver o problema, mas Édipo, ao longo da sua investigação, revelou uma paixão pelo saber e produziu uma segunda desmesura, ele queria saber demais, queria um saber que não fosse somente um saber, mas que fosse a verdade. Quem foi que matou o pai e deitou-se coma mãe? Traga um escravo, eu quero saber. Jocasta diz: "espere". Ele diz: "eu quero mais". Tirésias também diz isso, todos os outros vão na mesma linha, todos dizem que ele não precisa passar do saber à verdade. Édipo não ouve ninguém e quer ir até o fim, ele quer entrar nesse lugar abrigado e agasalhado que é o lugar da verdade. Jacques Lacan afirma que será essa a paixão fundamental da histérica.

---

82 Foucault, M. (1973/2005). *As verdades e as formas jurídicas*. Rio de Janeiro: NAU editora.

A outra maneira de descrever essa paixão seria separando os dois mitos. Por isso, vemos o destino trágico tantas vezes na histeria, ele é feito de ter que dizer a verdade, de expor toda verdade, o que acarreta o desastre de fazer passar a fantasia ao objeto. Enfim, vários temas clínicos se organizam em torno dessa paixão pela verdade na histeria, que Jacques Lacan chama também de uma política. Seria uma política na qual estamos todos vetados e bloqueados na relação entre o semblante e a verdade. Esse é o bloqueio de ordem do discurso, ele ordena os lugares dos discursos. Entretanto, e se, no lugar desse semblante, aparecesse um sujeito, um verdadeiro sujeito ao qual corresponderia a uma verdade que é o fato de que ele é um objeto? Isso faria a estrutura elementar da política histérica – diria Jacques Lacan. Trata-se de ir "procurar do outro lado". Agora podemos reler os discursos aqui: Um é o lado do *Édipo*, o outro, de *Totem e Tabu*. *Édipo* é o lado que fala do desejo, Totem e Tabu é o lado que fala do gozo. *Édipo* é o lado histérico, ou o lado feminino, do discurso. *Totem e Tabu* o lado masculino do discurso. Jacques Lacan fala que, entretanto, entre um e outro, há uma disjunção. O que vemos na tragédia do *Édipo*? Vemos que ele começa na sua relação particular com o saber e vai passando para o outro lado; se ele terminar esse percurso é que a tragédia desanda. Ele não apenas quer saber da verdade, mas quer saber toda a verdade. Outra diferença importante seria a questão central em cada um dos mitos. No mito de *Édipo*, na leitura lacaniana, é um mito sobre a feminilidade, é um mito sobre a Esfinge, é um mito sobre o casamento e, subsidiariamente, sobre a relação da feminilidade com o pai. Ao passo que, o mito de *Totem e Tabu* retrata a morte, a morte do pai. Os dois "pais" ocupam lugares diferentes, posições distintas em cada um dos mitos. *Édipo* era uma saga, era uma lenda oral que foi compilada por mitólogos como Hesíodo e Homero que escreveram os mitos, e essa escrita fez mudar a função social do mito. Em cima desse escrito vieram tragédias do Século V a.C., que dão outra forma ao mito, uma forma encenada.

Em uma tribo, o mito oral forma um tipo de laço entre as pessoas, um tipo de comunidade, que poderíamos associar com a magia. A história de *Édipo* é uma função, mas passa a ter outra, quando transformada em uma história escrita que, talvez, seja equivalente a um estatuto como o da religião. Fato é que, quando deixa de ser um mito oral para tornar-se um teatro, passa-se, então, ao domínio estético. Por sua vez, quando a encenação passa a ser objeto de uma investigação científica, um objeto de estudo, passa a ser um objeto de ciência, isso chamaríamos de discurso.

7.2 Magia, religião, teatro e ciência: posições da verdade

Magia, religião, teatro e ciência, aspectos culturais que foram comparados, por Jacques Lacan, ao mito, no texto *A Ciência e a Verdade* (1965). Tanto na magia, quanto na religião e na ciência, a verdade ocupa a posição de causa. Porém, na magia, também é recalcada; na religião, denegada; na ciência, foracluída. Então, o que nos sobra? Sobra o teatro, que seria a função não nomeada por Lacan, porém comparada à causa, para a psicanálise. Isso é importante, pois significa que, se quisermos comparar discursos, a verdade tem um processo, na psicanálise, que está mais próximo ao teatro trágico, do que da ciência, da religião ou da magia.

Vejam as implicações disso. Nós não estamos falando das tragédias como um conjunto de teses que formariam uma espécie de perspectiva diante da vida, da finitude, nem da tragédia como uma filosofia que passaria por Lucrécio e outros, uma atitude diante do mundo, o ato teatral. No ato teatral, Jacques Lacan dizia que o analista não estaria nem na posição do protagonista, nem de coadjuvante, sim, no papel, bem específico, de coro, afirmação feita, por Lacan, no *Seminário VII "A Ética da Psicanálise (1959-60)"*. Imagina-se que a função do coro fosse a de articular a *Dike*, a lei dos deuses, com a *Nomos*, a lei dos homens, sendo uma encruzilhada legal de formas de racionalidade.

Nesse panorama, a verdade, na psicanálise, se apresentaria como causa material, assim como, na magia, como causa recalcada, mas eficiente; na ciência, como causa foracluída, mas formal e, na religião, como causa denegada, mas final. Em nosso campo, a verdade relaciona-se à materialidade do significante, não à realidade do mundo, construção preliminar que nos faz entender o porquê dessa disjunção da verdade em relação ao saber.

Nessa direção, comparam-se as diferentes posições que a verdade ocupa a partir de discursos culturalmente definidos, ideia incorporada à *teoria do laço social*. Todavia não se trata apenas da posição da verdade, do papel da causa ou, mesmo do tipo de discurso, mas sim da especificidade da relação imposta pelo discurso, que ele faculta, obriga ou limita. Essa ideia constituiu grande passo na obra de Jacques Lacan, já que ele incorporou, à *teoria social*, uma *teoria da cultura*, assim como às relações de poder, a força da verdade. Nesse sentido, a verdade e o saber consistem em categorias epistêmicas contra o poder, já que, pensadas em conjuntos, têm força. Essa noção torna-se muito importante para pensar a nossa época, momento quando aquelas categorias estão dissociadas. Assim, produzir é uma coisa, reproduzir, outra. Produzir é aprender. Nessa direção, ou cultura e sociedade são separadas, ou uma está colonizando a outra, ou seja, a velha tese da indústria cultural que destrói a cultura ao transformá-la em relação de reprodução de bens de consumo.

Outro ponto interessante, relacionado ao herói, é que nos mitos de *Édipo* e *Totem e Tabu* ele possui posição fálica distinta. Édipo consiste no falo para seu povo, o salvador e o duplo, tanto que se apega a esse papel, o que traz sua derrocada. Ele derrotou a Esfinge, estabilizou Tebas, enfrentou a Peste, praticamente, o Dupin do século V a.c. O povo tebano o respeitava e o escolheu para ocupar aquele lugar, o que faz Édipo feliz. Nesse panorama, estou usando uma ideia lacaniana que propõe que o único feliz é o falo e, sem saber disso, é utilizado para articular a satisfação dos desejos dos outros. Ao relacionar *Édipo* e *Totem e Tabu*, não se pode comparar o falo que Édipo representa ao povo, com a posição que os filhos ocupam na segunda obra. Os filhos, em *Totem e Tabu*, não são fálicos, aliás, nada fálicos. O pai os expulsa. Que desalmado! Não há carinho, os filhos representam o desejo dele, sendo continuadores de sua genealogia, contudo não há identificação desejante, de transmissão desejante, não há nada disso. Da mesma forma, as mulheres também não são corajosas do tipo "deixem os filhos conosco".

De um lado, temos um herói que funciona como falo para o povo, de outro, filhos que não são fálicos. Dessa forma, retomamos a discussão anterior, através da qual trabalhamos os traços clínicos da neurose obsessiva na mulher, chegando à conclusão de que, nela, os filhos não são fálicos. Por que alguém deveria organizar seu desejo a partir da narrativa mítica de *Édipo* e não de *Totem e Tabu*? Essa questão é totalmente contingente. Teríamos que entrar no particular daquela transmissão, daquele laço social, na especificidade que fez o discurso se associar à sexuação, uma combinatória. *Totem e Tabu* pode ser útil para a articulação da mulher ou do homem. A associação da histeria, na mulher, e, da neurose obsessiva, no homem, constituem quase neuroses sociais, quase uma determinação cultural.

Vimos que na neurose pós-moderna existe incremento da histeria masculina e da neurose obsessiva feminina, como exemplo daquela ideia. Se pensarmos nas possibilidades do que teria havido, acharíamos muitos dados, tal como achamos. Por exemplo, o encurtamento da narrativa, a lógica do encontro, mas, talvez, o crucial seja que o lugar cultural-social do filho tenha mudado quando se passou a ter, de um lado, a produção-trabalho, de outro, a reprodução-filho.

Se Jacques Lacan tivesse tido acesso aos estudos helenísticos atuais, talvez, tivesse feito a análise antes. Existiram outros *Édipos*, além do mais conhecido, de Sófocles, o qual se preservou no tempo. Existiu, também, o *Édipo* escrito por Eurípedes, já que havia outras encenações trágicas da mesma peça. A encenação das tragédias compreendiam concursos públicos, assim, cada vez ganhava um autor. Nesse panorama, é interessante observar que o *Édipo* de Eurípedes foi encenado entre o *Édipo Rei* e o *Édipo em Colona*, também, de Sófocles, portanto, um influenciou o outro. Na linha do tempo, primeiro veio o Édipo Rei, de Sófocles, depois o *Édipo* perdido de Eurípedes e, na sequência, o *Édipo* em Colona, novamente, escrito por Sófocles, porém ainda há muitas especulações acerca daquela conjuntura bastante indeterminada. As pesquisas helenísticas mais contemporâneas concluíram que havia poucos dados sobre o Édipo de Eurípedes, por exemplo, detalhes, como um vaso rachado que indicaria que aquele autor teria tido sucesso, portanto, informações rarefeitas. Entretanto houve consenso, ao analisar os *Édipos*, sobre a personagem central, que seria Jocasta, a mãe, a esposa e a rainha, não Édipo.

Jocasta, a mãe pérfida, não estava contente com Laio, já que, talvez, não fosse o governante homem que ela imaginara, por isso, tramou a história de um encontro, a fim de que o marido caísse em encruzilhada perigosa. Ela não contava, porém, com a presença de seu filho desaparecido, que acabaria matando o pai. Quando ela o recebe e se casa com ele, ali, não existia o desejo, sim, a lei. Diante de um problema de administração pública, ela optou pela solução do "testa de ferro", assim, inseriu o jovem no poder, de que nada entendia, para ela governar. Na história contada com ênfase na rainha Jocasta, Édipo está como falo, não para o povo, sim, para a mãe.

Numa primeira encenação de *Édipo*, enfatiza-se o incesto, a colusão entre o poder e o saber, a *hybris* materna; na outra encenação, trata-se da *hybris* paterna. Essa oposição, na origem do *Édipo* como narrativa teatral, veio a se desdobrar para o Cristianismo, algo, de que, de fato, eu não sabia, sobre o qual nunca ouvira ninguém comentar, mas, sim, havia um Édipo cristão. O *Édipo* cristão encenado era Judas Iscariotes. A tragédia de Édipo era a do grande criminoso, tratava da origem do mal. A grande pergunta cristã sempre foi: como Judas conseguiu trair o Pai? Judas consiste, também, na tragédia de um filho que traiu um Pai e, vocês, sabem todo o resto da história. Na história de Judas, falta a Jocasta. Não há uma mãe, trata-se, apenas, de história entre pai e filho. Do outro lado, existem duas histórias, uma que remete à Sófocles, outra, à Eurípedes e seu *Édipo* perdido. Há, ainda, versão de *Édipo* encenada pelo Papa Gregório — um papa da origem do cristianismo —, na qual o personagem não é um criminoso, sim, espécie de figura salvadora, pois livra a cidade da Peste. No entanto termina destruído pelos seus filhos, em história de um personagem que se transforma em mártir, em vítima.

Assim, a quem quiser se aprofundar no assunto, recomendo a pesquisa de Ordep Serra[83], que conta a história de *Édipo*. Para Édipo, o assassinato é involuntário, ele não sofria de Complexo de Édipo, inclusive, essa ideia é uma das críticas que a psicanálise recebe, afinal, Édipo não tinha qualquer desejo obscuro. Ele não nasce em Tebas, mas em Corinto e, justamente, saiu de lá por saber da profecia a qual revelava que Édipo mataria os pais. Porém ele não possui qualquer desejo oculto de matar o pai. O assassinato é involuntário, ele não queria matá-lo, queria o contrário, não há premeditação. Onde haveria premeditação? Ela está presente em *Totem e Tabu*, como uma espécie de engenharia social, já que, lá, ninguém mata o pai sozinho. Todos os irmãos arquitetam e matam, mas, ao matar, ninguém pode assumir o lugar do pai, pois, quem assumir, também será morto. *Totem e Tabu* compreende uma premeditação sem fim, uma história

---

83 Serra, O.(2007). *O reinado de Édipo*. Brasília: Unb.

da origem de um contrato e não da origem de um encontro. *Édipo* consiste na história de um encontro, que determina a essência das personagens. Já, em *Totem e Tabu*, as personagens são mais fortes do que a situação. De um lado, tem-se a origem do desejo, do outro, o mito que fala sobre a origem do gozo, do pai que tem acesso a todas as mulheres, que não divide e quer tudo para ele.

Até aqui, compilei as falas de Jacques Lacan nos últimos capítulos do seminário, no qual afirma que semblante e verdade estão do lado do complexo de *Édipo*, enquanto a *produção* e o *gozo*, do lado de *Totem e Tabu*. Ao dizer que, em um caso, existe a sobrevalorização do assassinato do Pai, do outro, há a valorização da figura da mãe, portanto, a castração refere-se a duas coisas: o filho que não terá acesso à mãe e a mãe que não vai reincorporar o filho. Essa segunda operação é muito importante para entender a ideia de privação, pois há privação e castração. Atualmente, vem sendo dito que ambas não são complementares, que não pertencem ao mesmo mito. A castração também se figura na não junção dos dois, há um nível superior da dissidência da castração, a partir do qual Jacques Lacan começa a insistir que não há relação sexual e que "A" mulher não existe. A mulher não existe a partir da tese de assassinato premeditado do Pai, que tinha acesso a todas as mulheres. O "todas as mulheres" é uma invenção mítica, não há "todas as mulheres", pois, se houvesse, existiria "A" mulher.

7.3 Psicanálise, ética e direito: Rousseau ou Hobbes?

Jacques Lacan observou uma circulação fálica, uma diferença de posição do falo, que consiste em sua primeira teoria sobre a diferença entre os sexos, a ideia de que *ele* não é sem tê-lo e *ela,* sem sê-lo. Pode-se dizer que essa noção está correta, desde que diferenciemos, de outra forma, o nível da relação entre as duas mito-narrativas, já que se faz necessário acrescentar outro nível de história. Esse olhar seria objeto de leitura organizada sobre as últimas aulas do texto do seminário, todavia há uma distinção que está em jogo aqui, visto que essa oposição fala de uma diferença crucial sobre a origem do pensamento moderno, da teoria social moderna: a relação entre *ética* e *direito*. Nesse sentido, o mito de *Édipo* estaria no campo da ética, o qual foi reorganizado por Lacan, quando afirmou que a Psicanálise também pertence àquele. Nessa direção, propõe que a ética não constitui elemento regulador, externo, mas sim que, em si, a Psicanálise compreende uma ética que ocorre em transferência, em uma relação em que se encenam e se reeditam todas as demais relações. Não só de um sujeito em particular, mas do universo de relações humanas, incluindo as relações políticas e econômicas, as quais também existem, já que nós pagamos e recebemos. A dimensão econômica é reguladora, oferece limites e bordas. Entretanto não é impossível um tratamento psicanalítico sem pagamento, sobre o que Sigmund Freud dizia não ser recomendado, pois geraria dificuldades, especialmente, de transferências, as quais custariam caro. Porém a dimensão econômica não é estrutural do campo, sim regulatória dele.

Nesse contexto, é importante frisar a questão do pagamento, especialmente, nos tratamentos em instituições onde se discute se deve haver ou não a cobrança pelas sessões, já que mudou o estatuto do pagamento, não seria apenas um ato econômico, mas também ato ético. Assim, o mesmo acontecimento mudaria de lugar e de estatuto, por isso, poderíamos desdobrar a ideia e dizer que a psicanálise consiste em uma ética da falta, do desejo. Nesse panorama, apresentou-se, no *Seminário VII, A Ética da Psicanálise* (1959-60), a ideia de que Platão não fazia isso, nem Aristóteles. Há éticas baseadas no gozo, na moral, nos valores, mas, e quanto ao desejo? Talvez a Psicanálise seja a primeira. É um campo formado pela ética como expansão do universo da falta, cujo imperativo da pergunta fundamental é *"você está agindo em conformidade com seu desejo"?* Isso é um problema, pois a pergunta não é se você age de acordo com seu interesse ou de acordo com seu gozo. Como poderíamos ter uma subjetividade, um laço social em que o desejo inconsciente fosse o agente?

Plateia: Jacques Lacan fala de inconsciente ético.
Christian Dunker: Sim, já que se trata da consequência de não querer pensar o inconsciente como um objeto, discurso defendido pela ciência. Nesse sentido, Jacques Lacan não confere, ao desejo, a dimensão ontológica de uma história ou um sentido perdido, afirma, todavia, que se inscreve na história, organizando-a, mas não a constitui, fato que indica o desejo não estar integralmente ali. Além disso, Lacan defendia que o inconsciente não se restringia à noção antropológica. Portanto, se o

autor não considerava o inconsciente como um objeto da ciência, posto na bancada, bem como não aceitava que fosse a história hermenêutica do sentido bloqueado, então, em que posição aquele inconsciente poderia estar? Conclui-se que só poderia estar em alguma confluência ética-estética, o que configura um problema, pois, para a pré-modernidade a distinção ético/estético não se colocava. A estética, enquanto campo da filosofia, surgiu tardiamente, com Alexander Baumgarten. Claro que já havia reflexões sobre a música, sobre a poética, mas não configuravam uma estética; de fato, quem fazia a função da estética, até então, eram os discursos éticos, ela, aparecia como pano de fundo de uma discussão que focava no modo como a vida deveria ser. Nesse cenário, qual configuração de Polis seria boa ao cidadão, visto que a função da arte era a de elemento constitutivo das boas relações humanas. Entretanto, enquanto seres modernos, vivemos o drama onde a ética compreende uma noção específica, o direito, outra. Assim, por qual razão ele vai buscar uma referência grega para fundar a ética? É estranho, pois, para nós modernos, o grego virou ruínas. Basta olhar o trabalho que tivemos para falar um pouco sobre *Édipo*, estava tudo perdido, coisas estranhas aparecem no meio da pesquisa. Assim sendo, por que a Grécia representaria espaço de pesquisa e conhecimento sobre o assunto? Em primeiro lugar, dissolve-se o hiato entre o estético e o ético; em segundo, dá mais visibilidade ao que seria um campo ético, no qual o teatro, em si mesmo, compreende situação de encontro, não de dominação, mas de reflexão sobre a dominação.

Isso tudo desenha duas matrizes opostas que parecem ter voltado para o interior da reflexão lacaniana. São duas linhagens diferentes, a de Jean-Jacques Rousseau e Thomas Hobbes. Diga-me com quem andas e te direi quem és: Rousseau ou Hobbes? A cultura, o laço social, a vida na Polis, são compostas destas duas grandes árvores fundadoras.

No livro *O Leviatã*[84] tem-se a guerra de todos contra todos, tem-se o pacto, o contrato, transfere-se o poder, que seria o da violência de cada um, para a figura do soberano que, assim, tem o poder soberano legítimo, a partir de um contrato que, no fundo, é lei. Aqui, talvez o Leviatã seja uma versão de *Totem e Tabu* — ou *Totem e Tabu* talvez

---

84 Hobbes,T. (1651/ 2003). *Leviatã*. Coleção Clássicos. São Paulo: Martins Fontes.

seja uma versão do Leviatã — temos a luta de todos contra todos, o Pai da Horda Primitiva, o soberano, a limitação do gozo, a distribuição do acesso aos bens. Tudo isso, no fundo, é um mito sobre a origem do Estado moderno ou sobre aquilo que torna possível o Estado moderno. Essa digressão foi necessária, visto que formulamos uma crítica, interessante e ingênua, que volta como um fundamento chato, como uma pedra no nosso caminho: a de que Sigmund Freud teria inventado a roda, o sujeito, o desejo humano. Pensando assim, precisava ele ter inventado um entendimento da Lei tão careta, tão velho, de que o Pai é lei? Michel Foucault, assim como muitos outros pensadores, criticaram aquela noção psicanalítica de lei, muito "hobbesiana", por isso, pouco inovadora, argumento considerado forte, que derruba, até, Jacques Lacan, mesmo quando afirma que não precisa ser "o pai", deixando de analisar o "pai" sob o viés antropológico para pensar a lei, mesmo quando diz que a lei não seria a regra, mas apenas simbólica. Segundo os críticos, esse olhar tornaria as coisas piores, visto que, depois de Jacques Lacan, desmaterializa-se Hobbes, por isso, não haveria contra quem resistir.

Nessa conjuntura, Lacan defendia que nossos pacientes deveriam receber tratamento que objetivasse mais do que apenas a adequação do sujeito à lei, ele não propôs refazer contratos e simbolizá-los, até que a lei estivesse, de novo, bem estabelecida, para podermos obedecê-la em paz. Nesse sentido, Michel Foucault, no final do *Volume I: A História da Sexualidade*[85], disse aos presentes, referindo-se, mais especificamente, a pais e mães, que não se preocupassem se os filhos quisessem ir a um psicanalista. Ironizando, Foucault ainda diz que, no princípio, os pais achariam que teriam errado na educação dos filhos, mas isso não teria problema, pois eles iriam aos psicanalistas, falariam um bocado para descobrir, no final, que precisam, mesmo, obedecer aos próprios pais. Bom, ele tem razão. Enquanto não descobrirmos algo que compense a matriz judicialista, a Psicanálise acabará constituindo experiência de recomposição autoritária, com formas de lei, simbólica. Afinal, se você chega até o seu consultório e tem uma histérica brigando com um machado

---

85 Foucault, M. (1976/2010). *História da Sexualidade (I): A vontade de saber*. Rio de Janeiro: Graal.

contra cavaleiros medievais, logo percebemos que existe sofrimento nisso tudo e, por isso, um pouco de Thomas Hobbes para ela iria bem. Isso irá ajudá-la muito, no sentido de poder fazer um contrato social mais viável do que o atual; o mesmo vale para o obsessivo. Temos uma novidade interessante para acrescentar à tensão entre *Édipo* e *Totem e Tabu*, uma tensão entre Hobbes e aquele que teria sido, cem anos mais tarde, o grande contraponto à razão judicialista, Jean-Jacques Rousseau. Qual Rousseau? Afinal, Rousseau também vai terminar no contrato, ao invés do personagem malévolo de todos contra todos, o que havia, no começo, era um edipiano ingênuo, o homem em harmonia com natureza. Entretanto tal noção consiste em leitura muito pobre sobre Rousseau e a qual vou recusar, para ficar com o olhar que Jean Starobinski apresentou, fantasticamente, no texto *A Transparência e o Obstáculo*[86]. Starobinski foi editor dos anagramas de Ferdinand Saussure, bem como estudioso do estruturalismo e grande intelectual suíço, um daqueles monstros do pensamento que publicou em quase todas as áreas. O editor afirma haver, na leitura de Rousseau, aspecto péssimo, já que sempre lemos aquele autor como contrário a Hobbes e em favor de Hobbes, o que indica que a leitura de Rousseau foca em um problema que surgiu antes e que ele teria vindo para solucioná-lo. Starobinski diz, ainda, que devemos mudar nosso ponto de vista, assim, tenta mostrar que há um Rousseau que foi fundador da pedagogia, do modelo de pacto social, da ideia de solidariedade, que depois virou fraternidade, bem como pensador da infância, enfim, esse seria o Rousseau básico. Além disso, haveria também outro Rousseau, o fundador da antropologia, o qual se apegava a outra questão, que não a de limitar o gozo. A questão dele não era essa, diz Starobinski. Sim, se limitarmos o gozo, a vida será mais fácil, é verdade. Sim, temos esse problema, mas há também outro problema que teria levado Rousseau a refazer a modernidade que é aquilo que ele chamava de "perfectibilidade". Todo seu "paraíso natural" teria sido inventado para dar conta dessa tese. Trata-se de uma inversão de perspectiva da sua obra, se lermos todo o resto, a partir disso, perceberemos um reordenamento da obra inteira.

---

86 Starobinski, J. (1991). *Jean-Jacques Rousseau: A Transparência e o Obstáculo*. Rio de Janeiro: Companhia das Letras.

Rousseau foi o primeiro a afirmar que os modernos somos insatisfeitos, não com o mundo, mas conosco, em um estado permanente, metodicamente desenvolvido e procriado de insatisfação. No fundo, o que nos tornaria modernos seria mais o tipo de insatisfação que cultivamos, do que as satisfações que vivemos. Ora, era disso que falávamos aqui até agora. Olhem a linhagem histérica. Começou com a insatisfação da histeria. A histeria se pergunta como o pai goza e como se dá a passagem do pai para o filho. Seria ou não um falo para o povo? Enfim, vejam como todos os temas, inclusive, o do reconhecimento, vão aparecer do lado do Édipo e serão convergentes com a posição de Rousseau. No fundo, ele inventou uma filosofia a partir da falta. Se Marx inventou o sintoma, Rousseau inventou a política da falta. Uma política através da qual os laços na cultura, os laços sociais, a posição de alguém no mundo dependeria do que falta ao sujeito, não do que lhe excede.

A política do gozo gira em torno da questão do excesso. O que fazer quando a sua liberdade avança e invade a minha? Chama o juiz, afinal, é preciso refazer as fronteiras. Lembrem que esse foi um tema do nosso curso, do saber para o gozo, passagem feita pela letra, que é um tipo de fronteira, uma fronteira móvel. Vocês estão lembrados de toda essa discussão? Agora, podemos recolocá-la aqui. O saber serve para quê? O saber não consiste na proposta grega de tornar as pessoas felizes, mas sim na falta, onde há falta, existe um saber tentando se articular, apesar de nunca se juntar direito à verdade. A ideia fundamental desse Seminário XVIII decorre daquela visão, que vou expor citando uma passagem textual de Jacques Lacan:

"Por mais cambiante que seja[m] as suas realizações[,] nós devemos surgir pela composição entre o gozo e o semblante que se chama a castração, nós a vemos surgir a todo instante no discurso neurótico, mas sob a forma de um temor, de uma evitação e é justamente nisso que a castração permanece enigmática, por mais fugidias, por mais cambiantes que sejam suas realizações, ou igualmente a exploração da psicopatologia dos fenômenos analisáveis que é permitida pelas incursões na etnologia persiste o fato de que aquilo que se distingue, tudo que é evocado como castração nós a vemos sob qual forma? Sempre sob a forma de uma evitação.

Se o neurótico testemunha a intrusão necessária, digamos do que chamei há pouco de composição entre gozo e semblante que se apresenta como castração, é justamente nisso que ele se mostra de alguma forma, inapto" (Lacan, 1971 p. 155).

Esse fato da castração possui três campos de prova em que se podem reencontrar nossos discursos, a psicanálise, a etnologia e a psicopatologia. O tratamento da neurose obsessiva e da histeria constitui a evitação do impossível. Assim, tanto a histeria, quanto a neurose obsessiva produzem uma evitação, uma vida consagrada a dar voltas "em torno de", uma recusa a oferecer para o outro. O que faz o Édipo histérico? Ele remete a castração ao outro e, com isso, ele a evita. Nesse sentido, só quando se está com outro, que se tenta saber sobre ela. O ponto intermediário é a fobia. Quando dentro de uma histeria, observa-se a formação provisória de uma fobia, significa que ela está melhorando, está no caminho certo, mas provisório. A histeria remete a castração a um outro e, assim, a evita. A neurose obsessiva pega a castração para si, identifica-se com ela e a oferece para o outro, que a recusa, claro. Temos um microcosmos do encontro histérico-obsessivo que faz um semblante de encontro, assim, os dois evitam a castração em parceria, fazem um acordo mútuo e universal, na saúde, na doença, na tristeza e na alegria, um acordo que evita a castração.

Plateia: Até que a morte os separe?
Christian Dunker: Até que a morte os separe, na versão *Totem e Tabu*, ou até que o desejo os separe, na versão *Édipo*. Afinal, às vezes, é preciso saber, mas, aí, começam as encrencas do tipo "gostaria de saber um pouquinho mais sobre sua castração."
Eu gostaria de ter trabalhado mais as fórmulas da sexuação, mas, para isso, era preciso ter entrado mais na lógica, especificamente, na teoria dos quantificadores, que deixarei para o semestre que vem.
Agradeço a todos a presença!

São Paulo, 24 de junho 2010.
Instituto de Psicologia, USP.

REFERÊNCIAS BIBLIOGRÁFICAS

Andersson, O. (2000). *Freud Precursor de Freud*. São Paulo: Casa do Psicólogo.

Benjamin, W (1994). *O narrador: considerações sobre a obra de Nikolai Leskov*. In: *Walter Benjamin Obras Escolhidas (I): Magia e Técnica, Arte e Política*. Rio de Janeiro: Editora Brasiliense.

Campos, H (2000). *Ideograma*. Coleção Críticas Poéticas. São Paulo: EDUSP.

Copjec, J. (2006). *Imaginemos que la mujer no existe*. Buenos Aires: Fondo de La Cultura Econômica.

Cossi, R. K. (2010). *Transexualismo, psicanálise e gênero: do patológico ao singular*. São Paulo: Instituto de Psicologia, Universidade de São Paulo, 2010. Dissertação de Mestrado em Psicologia Clínica.

Costa, A. C (2005). *Lacan e a arte zen do psicanalista*. Disponível em: http://www2.uol.com.br/percurso/main/pcs34/34Costa.htm

Costa, J. F (1995). *A face e o verso*. São Paulo: Escuta.

Derrida, J. (1978). *La verité en peinture*. Paris: Éditions Flammarion.

Eisenstein, S (1929/1992). *The Cinematographic Principle and the Ideogram*. In: MAST, Gerald; Cohen, Marshall & BRAUDY, Leo (orgs.). *Film Theory and Criticism*. New York: Oxford University, p. 127-138.

Fanon, F. (1952/2008). *Pele negra máscaras brancas*. Salvador: Ed. Universidade Federal da Bahia.

Ferro, A. (2005). *Fatores da doença, fatores da cura*. Rio de Janeiro: Imago.

Flaubert, G. (1857/2014). *Madame Bovary*. (Trad. Herculano Villas Boas). São Paulo: Martin Claret.

Foucault, M. (1973/2005). *As verdades e as formas jurídicas*. Rio de Janeiro: NAU Editora.

Foucault, M. (1976/2010). *História da Sexualidade (I): A vontade de saber*. Rio de Janeiro: Graal.

Freud, S. (1893-95/1996). *Estudos sobre a histeria*. In: *(II) Obras Completas*. Rio de Janeiro: Imago.

Freud, S. (1895/1996). *Projeto para uma psicologia científica*. In: *(I) Obras Completas*. Rio de Janeiro: Imago.

Freud, S. (1905/1996). *Três ensaios sobre a teoria da sexualidade*. In: *(VII) Obras Completas*. Rio de Janeiro: Imago.

Freud, S. (1910/1996). *Um tipo especial da escolha de objeto feita pelos homens*. In: *(XI) Obras Completas*. Rio de Janeiro: Imago.

Freud, S. (1917/1996). *Uma dificuldade no caminho da psicanálise*. In: *(XVII) Obras Completas*. Rio de Janeiro: Imago.

Freud, S. (1924/1996). *O problema econômico do masoquismo*. In: *(XIX) Obras Completas*. Rio de Janeiro: Imago.

Freud, S. (1930/1996). *Mal-estar na civilização*. In: *(XXI) Obras Completas*. Rio de Janeiro: Imago.

Freud, S. (1937/1996). *Construções em análise*. In: *(XXIII) Obras Completas*. Rio de Janeiro: Imago.

Harari, A. (2008). *Fundamentos da prática lacaniana: risco e corpo*. São Paulo: Instituto de Psicologia, Universidade de São Paulo. Tese de Doutorado em Psicologia Clínica.

Hobbes,T. (1651/ 2003). *Leviatã*. Coleção Clássicos. São Paulo: Martins Fontes.

Honneth, A. (1992/2003). *Luta por reconhecimento: a gramática moral dos conflitos sociais*. (Trad. Luiz Repa). São Paulo: Ed. 34.

Honneth, A. (2007). *Sofrimento de indeterminação: uma reatualização da filosofia do direito de Hegel*. (Trad. Rúrion Melo). São Paulo: Ed. Esfera Pública.

Jamenson, F. (1992). *O Inconsciente político*. São Paulo: Ática.

Jameson, F. (1995). *Imaginário, y Simbolico em Lacan*. Buenos Aires: Imago Mundi.

Joyce, J. (1922/2012). *Ulysses*. São Paulo: Penguin Classics Companhia das Letras.

Joyce, J. (2002). *Finnegans Wake*. São Paulo: Atelier Editorial.

Jullien, F. (1998/2002). *Tratado da eficácia*. São Paulo: Editora 34.

Jullien, F. (2001). *Fundar a moral: diálogo de Mêncio como um filósofo das luzes*. São Paulo: Discurso.

Lacan, J. (1932/2011*). Da psicose paranoica em suas relações com a personalidade*. Rio de Janeiro: Forense Universitária.

Lacan, J. (1938/2002*). Os Complexos Familiares na formação do indivíduo*. (Trad. Marco Antonio Coutinho Jorge).Rio de Janeiro: Jorge Zahar.

Lacan, J. (1949/1998). *O estádio do espelho como formador da função do eu*. In: *Escritos (1966)*. Rio de Janeiro: Jorge Zahar.

Lacan, J. (1951/1998). *Intervenção sobre a transferência*. In: Escritos (1966). Rio de Janeiro: Jorge Zahar

Lacan, J. (1953/1998). *Função e campo da fala e da linguagem em psicanálise*. In: *Escritos (1966)*. Rio de Janeiro: Jorge Zahar.

Lacan, J. (1953/1998). *Variantes do tratamento-padrão*. In: *Escritos (1966)*. Rio de Janeiro: Jorge Zahar

Lacan, J. (1953-54/1986). *O Seminário, livro 1: Os escritos técnicos de Freud*. (Trad. Betty Milan). Rio de Janeiro: Jorge Zahar.

Lacan, J. (1955/1998). O seminário sobre *A Carta Roubada*. In: *Escritos (1966)*. Rio de Janeiro: Jorge Zahar

Lacan, J. (1957-58/1999). *O Seminário, livro 5: As formações do inconsciente*. (Trad. Vera Ribeiro). Rio de Janeiro: Jorge Zahar.

Lacan, J. (1958-59/2016). *O Seminário, livro 6: O desejo e sua interpretação* (Trad. Claudia Berliner). Rio de Janeiro: Jorge Zahar.

Lacan, J. (1959-60/2008). *O Seminário, livro 7: A ética da psicanálise*. (Versão brasileira Antonio Quinet). Rio de Janeiro: Jorge Zahar.

Lacan, J. (1960/1998). *Subversão do sujeito e dialética do desejo no inconsciente freudiano*. In: *Escritos (1966)*. Rio de Janeiro: Jorge Zahar

Lacan, J. (1961-62/2003). *Seminário IX: A Identificação*. (Trad. Ivan Correa e Marcos Bagno). Publicação para circulação interna. Recife: Centro de Estudos Freudianos.

Lacan, J. (1962-63/2005). *O Seminário, livro 10: A Angústia*. (Trad. Vera Ribeiro). Rio de Janeiro: Jorge Zahar.

Lacan, J (1962-63). *Seminário X: La Angustia*. (aula do dia 19 de dezembro de 1962). [Trad. Ricardo Rodriguez Pontes]. Escuela Freudiana de Buenos Aires. Disponível em: http://www.acheronta.org/lacan/angustia6.htm

Lacan, J. (1962-63). *Seminaire X: L´Angoise* (aula de 19 dezembro de 1962). Disponível em: http://staferla.free.fr/S10/S10.htm

Lacan, J. (1962-63). *Seminar X: Anxiety – revised*. (Audio. Trad. Cormac Gallagher). Disponível em: www.lacaninireland.com

Lacan. J. (1962-63/1997). *Seminário X: A Angústia*. (aula de 19 de dezembro de 1962). Publicação não-comercial. Recife: Estudos Freudianos do Recife.

Lacan, J. (1964/1998). *O Seminário, livro 11: Os quatro conceitos fundamentais da psicanálise*. (Versão brasileira M.D Magno).

Lacan, J. (1965/1998). *A ciência e a verdade*. In: *Escritos (1966)*. Rio de Janeiro: Jorge Zahar

Lacan, J. (1968-69/2008). *O Seminário, livro 16: De um Outro ao outro*. (Trad. Vera Ribeiro). Rio de Janeiro: Jorge Zahar.

Lacan, J. (1969/2003). *Nota sobre a criança*. In: *Outros Escritos* (Trad. Vera Ribeiro). Rio de Janeiro: Jorge Zahar.

Lacan, J. (1969-70/1992). *O Seminário, livro 17: O avesso da psicanálise*. (Trad. Ari Roitman). Rio de Janeiro: Jorge Zahar.

Lacan, J. (1971/2009). *O Seminário, livro 18: De um discurso que não fosse semblante*. (Trad. Vera Ribeiro). Rio de Janeiro: Jorge Zahar.

Lacan, J. (1972/2003). *O aturdito*. In: *Outros Escritos* (Trad. Vera Ribeiro). Rio de Janeiro: Jorge Zahar.

Lacan, J. (1972-73/1985). *O Seminário, livro 20: Mais, ainda* (Trad. M.D. Magno). Rio de Janeiro: Jorge Zahar.

Lacan, J. (1975-76/2007). *O Seminário, livro 23: O Sinthoma*. (Trad. Sérgio Laia). Rio de Janeiro: Jorge Zahar.

Lacan, J. (1976-77). *L´Insu que sait de l´une bévue s´aila à mourre*. Tradução do seminário 24. Publicação não comercial. Salvador: Edição heReSIa.

Lyotard, F. (2010). *A condição pós-moderna*. São Paulo: José Olympio.

Major, R. (2002). *Lacan com Derrida*. Rio de Janeiro: Civilização Brasileira.

Mannoni, O. (1950/1984). *Prospéro et Caliban Psychologie de la Colonisation*. Paris: Edit Univesitaries.

Mostesquieu, C. L. (1721/2009). *As Cartas Persas*. São Paulo: Martins Fontes

Nasio, J-D (2011). *Os olhos de Laura: somos todos loucos em algum recanto de nossas vidas*. (Trad. Claudia Berliner). Rio de Janeiro: Jorge Zahar.

Paulhan, J. (1930). *Le Guerrir apliqué*. Paris: Gallimard.

Ramos, G. A. (2008). *Histeria e Psicanálise depois de Freud*. Campinas: Unicamp.

Réage, P. (1954/2008). *História de O*. Rio de Janeiro: Ediouro.

Revista Cult. Edição 141. São Paulo: Bregantini, 29 de março de 2010.

Rieder, I. & Voigt, D. (2008). *Desejos secretos: a história de Sidonie C. A paciente homosexual de Freud*. São Paulo: Cia das Letras.

Rotterdam, E. (1508/2000). *Elogio da Loucura*. Coleção Clássicos. São Paulo: Martins Fontes.

Roudinesco, E. (1994). *Jacques Lacan: esboço de uma vida, história de um* sistema de pensamento. São Paulo: Companhia das Letras.

Sennett, R. (1997). *Carne e Pedra: O corpo e a cidade na civilização ocidental.* Rio de Janeiro: Record.

Sennett, R. (2004). *A corrosão do caráter.* São Paulo: Record.

Serra, O. (2007). *O reinado de Édipo.* Brasília: Unb

Starobinski, J. (1991). *Jean-Jacques Rousseau: A Transparência e o Obstáculo.* Rio de Janeiro: Companhia das Letras.

Tanizaki, J. (2007). *Elogio da sombra.* São Paulo: Companhia das Letras.

The Letter: *Lacanian perspectives on Psychoanalysis.* n. 37. Dublin: St. Vincent University Hospital, 2006.

Tolstói, L. (1865-69/2011). *Guerra e Paz.* São Paulo: Cosac & Naify.

Tolstói, L. (1877/2005). *Ana Karenina.* São Paulo: Cosac & Naify.

Wittgenstein, L. (2005). *Investigações Filosóficas.* São Paulo: Vozes.

Zetzel, E. (1968). The so-called good hysteric. In: *International Journal of Psycho-Analysis* (49) p. 256-260.